지중해 문명기 · 1

유적으로 읽는 로마문명

김문환 지음

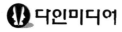 다인미디어

서 문

       로마권역의 지중해 주변을 거닐다보면 똑같은 모양의 도시구조에 적잖이 놀란다. 동으로 시리아, 서로 포르투칼, 남으로 리비아, 북으로 영국에 이르기까지 로마군단 깃발이 펄럭이던 로마 도시는 어디든 마찬가지다. 공식대로 도시를 찍어냈다는 인상을 받는다. 한가운데 포럼을 중심으로 바실리카와 쿠리아, 상가, 신전을 짓고, 남북도로 카르도와 동서도로 데쿠마누스를 개설한다. 도로 옆으로 공중 목욕탕과 공중 화장실, 도로밑으로는 상하수도. 극장과 바로 옆에는 오데온을 세웠다. 조금 떨어져 원형 경기장, 외곽으로 스타디움과 전차경기장. 아치형 수도교는 멀리 수원지로 이어지고… 제국의 수도 로마(Rome, 로마의 수도를 나타낼 때는 알파벳으로 병기)는 워낙 거대한 도시여서 차이가 있지만, 나머지 로마도시는 일률적이다. 기후나 풍토등을 고려한 약간의 변형을 제외하면 똑같다. 발굴되는 유물도 어디랄 것 없이 같은 재질에 같은 모양새다. 모자이크나, 프레스코, 조각같은 예술품의 경우 소재는 물론 내용까지 하나다. 고고학자들만이 전문적인 연구를 통해 확인할 수 있는 게 아니라 관광객 누구라도 유적과 유물을 접하면서 쉽게 알수 있어 더욱 놀랍다. 하나의 표준화된 삶의 방식이 존재했던 것이다. 로마가 다른 나라의 숨통을 쥔 팍스 로마나(PAX ROMANA)아래서.

       주목할만한 점이 또 있다. 당시 삶의 방식과 철학이 오늘날까지 서유럽사회에 상당부분 그대로 이어진다는 점이다. 로마인들은 극장과 오데온에서 연극과 음악공연, 무용을 즐겼다. 요즘 서양인들의 최대 오락은 극장에서 펼치는 연극이나 오페라, 발레, 음악회 감상이다. 장소와 형식, 즐기는 방법까지 별 차이 없다. 로마인들은 초대형 운동장 지어놓고 검투경기나 전차경기에 빠져들었다. 스타디움 만들어 각종 체육경기도 치렀다. 현대 서유럽 최대 스포츠경기는 축구, 자동차나 오토바이 경주, 올림픽… 종목은 약간 바뀌었지만 본질과 구조는 변함없다. 오늘날 유럽 대도시들은 대부분 로마시대 처음 만들거나 본격적으로 확장된 도시다. 당시 주요 도로가 지금도 시내 중심도로인 경우가 있을 정도다. 시장을 통한 상거래, 해외무역이 활발히 이뤄졌다. 로마인들이 조성했던 성매매업소는 서유럽 여러나라의 합법적인 매매춘으로 이어진다. 낮뜨거울 정도로 노골적인 묘사의 예술품, 현대여성 뺨치는 몸단장은 서유럽에서 인간의 삶의 방식이 참 오랫동안 비슷했음을 새삼 일깨운다. 중세 천년간 자취를 감추었다 다시 나타난 로마유적과 유물에서 확인 가능하다.

　　물론 1200여년간 광범위한 지역을 차지했던 로마(서로마)를 하나의 특징으로 규정짓기에는 무리가 따른다. 또, 우리가 접하는 유적이나 유물은 대부분 로마의 최고 상류층이나 지배계층의 흔적인 경우가 많다. 힘없이 사회를 지탱하다 스러졌던 민중들의 자취는 아주 초라하거나 드물어 로마전체의 문화로 오해해선 곤란하다. 역사학의 한계이자 인간사의 한계일지 모른다. 그러면서도 서유럽 역사 변화의 특징을 하나 들라면 특권계층이 누리던 문화를 차츰 모든 사람이 형식적으로나마(실질적으로도 상당히) 골고루 나눌수 있게 바뀐 점을 꼽고 싶다. 그리스 로마시대 귀족과 자유민의 전유물에서 지금은 누구나 가까이할수 있는 대상으로…

유럽사회를 들여다보며 느끼는 사실 한가지. 자신뿐 아니라 전 세계 다양한 문화와 역사에 대한 관심과 이해, 자료축적과 연구, 책자발간이 경이로울 만큼 깊고 풍부하다. 한두 사람의 노력으로 될 일이 아니다. 전문가나 비전문가, 학자나 일반인 가릴 것 없이 각 분야 사람들의 다양한 노력이 모두의 관심으로 한데 모아져 확대 재생산된 결과다. 사회역량이다. 반도체만 1등하는 특정분야의 튀어나옴이 아니라 물심양면의 모든 분야에서 고루 아름답게 두드러지는 사회는 그럴 때 가능하다.

지중해를 둘러싼 연안과 섬나라의 주요 고대 중세 유적지를 찾아 더듬어봤다. 첫권 [유적으로 읽는 로마문명]을 시작으로 [지중해문명기]란 이름아래 유적지 탐방결과를 내놓을 예정이다. 사진은 현장과 박물관에서 직접 촬영한 것만 골랐다. 날로 늘고 있는 해외 역사여행에서 탐방객들의 궁금증을 다소나마 풀어주는 벗이 됐으면 좋겠다. 또, 서양역사의 이해를 높여 인류평화와 공존에 기여하는 작은 디딤돌이 되길 바란다. 월급을 털어 이 돌덩이 저 흙더미 찾아 헤매다 문득 얻는 깨달음의 기쁨. 살아가는 즐거움을 누리게 해주신 부모님의 깊은 은혜에 머리 조아린다. 만수무강.

2003년 5월 김문환

지중해 문명기 · 1

유적으로 읽는 로마문명

C·O·N·T·E·N·T·S

유적으로 읽는 로마 문명

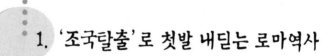

1. '조국탈출'로 첫발 내딛는 로마역사

-- 아에네아스 트로이 함락 때 라티움으로

1) 트로이 전쟁과 아에네아스

천년 넘게 존재하며 5백년 이상 지중해 전체를 지배했던 로마를 더듬어보자. 오랜 역사를 꼼꼼히 따져보기가 쉽지 않지만, 역사전개과정에 따라 하나씩 살핀다. 우선, 로마란 이름의 유래는? 역사상 가장 오래된 기록은 에게해 북단 레스보스섬의 역사학자 헬라니쿠스의 말이다. 그는 트로이 전쟁에서 살아남은 아에네아스(Aeneas)가 트로이 여성 로마(Roma)의 이름을 딴 것으로 적었다. 일부 그리스 학자들은 고대 그리스어 'Rheme' (힘=Strength)에서 나왔다고 주장

▲비극의 씨앗-트로이 왕자 파리스가 세여신을 앞에 두고 누가 최고의 미인인지 심판하고 있다. 루브르 박물관.

한다. 그러나, 아에네아스가 트로이에서 결혼해 낳은 아

들 아스카니우스의 후손 로물루스(Romulus)에서 따왔다
는 설을 가장 널리 받아들인다. 좀 황당하지만 신과 관련
된 로마 창건사를 더 들여다 본다.

　　미의 여신 아프로디테는 많은 남자들의 사랑을
받았고, 또 제발로 사랑을 찾았다. 절름발이 대장장이 남
편 헤파이스토스로는 만족할 수 없었다. 제우스는 이런
아프로디테를 벌주려고 어느 날 인간남자를 사랑하게 만
들었다. 여기서 나온 자식 이름이 아에네아스다. 그가 살
던 트로이가 조금은 골치 아픈 연애사건에 휘말렸다. 원
인제공자는 역시 아프로디테.

　　아프로디테, 헤라, 아테나 3여신은 서로의 아름다
움을 뽐내다 결정을 트로이 왕자 파리스에게 맡겼다. 파
리스는 아프로디테의 손을 들어 줬다. 최고의 미인을 주
겠다는 꼬드김에 왕자의 마음이 움직인 탓이다. 아뿔싸!
최고의 미인은 그리스 도시국가 스파르타 왕의 아내 헬
레네였다. 파리스는 아프로디테의 도움으로 헬레네를 손
에 넣고 미인과 함께 사는 기쁨을 만끽했다. 왕비를 잃은
스파르타 왕은 정반대로 지옥에 빠진 심정이었다. 스파

◀트로이성−터
키의 다다넬즈
해협 에게해 쪽
끝 부분인 히사
틀리크 언덕에
있다. 19c말 독
일인 하인리히
슐레이만의 발굴
로 세상에 모습
을 드러냈다.

▲트로이 목마-1980년대 트로이성 앞에 설치했다. 조잡하지만 트로이임을 말 해준다.

▲아프로디테-아프로디테는 인간과 관계해 아들 아에네아스를 낳았다. 나폴리 박물관.

르타를 중심으로 한 아카이아 연합군은 트로이로 처들어 갔다. 미케네 왕 아가멤논과 오디세우스 등의 대활약으로 마침내 아카이아군이 승리를 거뒀다. 10년 간의 공격에 종지부를 찍어준 계기는 '목마작전'. 트로이는 신관 라오콘의 경고를 무시하고 목마를 성안에 들였다가 그 안에 숨은 아카이아 병사들에게 함락 당하고 말았다.

아프로디테는 아들 아에네아스가 아카이아 연합군의 칼날아래 쓰러지게 내버려둘 수 없었다. 어머니의 보살핌에 아에네아스는 늙은 아버지와 추종자들을 데리고 탈출에 성공했다. 아에네아스는 당시 트로이 왕 프리아모스의 사위였다. 임금의 사위 부마(駙馬). 조국이 적군의 무지막지한 창칼아래 쓰러지는 순간에 운명을 함께 한다는 자세로 싸우지는 못할망정 가족 데리고 탈출이라니…

아에네아스가 오랜 항해 끝에 닿은 곳은 운명의 땅 카르타고. 여기에서 그는 여왕 디도와 사랑에 빠졌다. 그러나 아에네아스는 라티움으로 가야한다는 자신의 운명을 거스를 수 없었다. 디도와 헤어져 트로이 탈출 7년 만에 이탈리아반도 라티움에 이르렀다. 디도는 사랑의 배신에 그만 목숨을 끊었다. 나중에 로마와 카르타고가 함께 살 수 없는 불구대천(不俱戴天)의 운명이란 것을 미리 보여준 것인가?

▲아에네아스의 라티움 도착-라티움땅에 발을 디디는 순간 돼지가 맞는다. 대영 박물관.

▲▲암늑대상-에트루리아인들이 기원전 만든 청동상에 이탈리아인들이 르네상스시대 젖 먹는 아기 로물루스와 레무스를 조각해 넣었다. 카피톨리나 박물관.

물론 디도와의 관계는 로마가 카르타고를 쑥대밭 낸 B.C 146년에서 백년도 더 흘러 로마시인 베르길리우스가 서사시 '아에네이스' 속에 그린 것이다. 때문에 로마인들이 카르타고에 대한 자신들의 행위를 정당화하려 한 윤색일 가능성이 크다. 어쨌든 미의 여신 아프로디테의 자손 로마인. 그래서 그런가 이탈리아인들은 참 잘생기고 아름답다. 2002 월드컵 출전선수 가운데 최고의 미남은 역시 이탈리아 아주리 군단 선수들이었다.

2)로물루스의 건국

로마인은 아름다움에만 만족하지 않았다. 아에네

아스의 후손인 레아 실비아라는 아름다운 여인이 이번엔 거꾸로 전쟁의 신 아레스(마르스)와 어쩌고저쩌고 해서 쌍둥이를 낳았다고 믿었다. 강력한 전쟁의 신을 조상의 명부에 슬쩍 끼워 넣음으로써 어느 민족도 로마에 대항하지 말라는 경고를 보낼 수 있었다. 또, 로마인 스스로 '전쟁의 신' 후예답게 모든 전쟁을 승리로 이끌어야 한다는 자기최면을 거는 것도 가능했다. 이 덕분인가? 초기 좌절도 좀 있었지만 참으로 오랫동안 지중해 전역의 치열한 전투에서 승리를 거둔 뒤 올라가는 깃발은 로마군단기 뿐이었다. 쌍둥이의 이름은 로물루스(Romulus)와 레무스(Remus). 로마란 이름의 기원이 되는 로물루스는 형이었다.

미와 전쟁을 상징하는 최고의 신을 자기조상과 결부시킨 로마인. 조상을 신성시하고 자기보다 뛰어난 문명권에 기원을 두고 싶어하는 마음은 인지상정일 테니 크게 탓할 일은 아닌 것 같다. 우리의 시조 단군은 하느님 환인의 아들 환웅과 곰이 인간으로 변한 웅녀가 사랑한 끝에 세상에 나온 자손이다. 고려의 창건자 왕건도 당나라에서 난을 피해와 조선에 머문 황자의 후손이라고 역사에 기록하고 있으니…

로마가 언제 세워졌느냐는 대목에서도 다양한 주장이 엇갈린다. B.C 814년부터 B.C 729년까지 여러 갈래다. 많은 사람이 따르는 기록은 B.C 753년 4월 21일. 날짜까지 나온다. 사연은 이렇다. 갓 태어난 로물루

▶아프로디테와 아레스-로마인들의 조상이 된 두 시조. 루브르 박물관.

▲사비니 여성 강탈- 피에트로 베레티니의 1629년 작품. 카피톨리나 박물관.

스와 레무스는 강가에 버려졌다가 구사일생으로 살아나
숲 속에서 늑대의 젖을 먹고 자랐다. 건강하게 자란 이들
은 마을을 만들었다. 강이 유유히 흐르는 비옥한 땅에서
로물루스와 레무스는 쟁기로 밭을 갈아 농사를 지었다.
형제는 서로 벽을 쌓아 영역을 만들고 벽을 넘지 말자고
약속했는데…

　　　욕심 많은 아우 레무스가 벽을 무너트렸고, 우애
는 커녕 인정머리 없는 형은 한방 날려 아우를 죽였다.
마을은 로물루스의 차지가 됐고, 로물루스를 따 로마로
이름 붙였다. 이날이 바로 B.C 753년 4월 21일이다. 동생
을 살해하면서 생긴 로마의 역사다. 도시이름은 간단히
지었지만, 우리의 아름다운 옛날이야기 '형제와 볏단' 을
이들이 몰랐던 게 조금은 아쉽다.

　　　로물루스가 처음 마을을 만든 장소는? 팔라티노
(Palatino) 언덕이다. 로마(Rome)를 방문하면 로마포럼
(포룸 로마눔)과 막시무스 전차경기장 사이에 솟은 언덕
팔라티노를 만난다. 제국시대 거대한 유적잔해들이 웅장
한 모습으로 서있어, B.C 8c경 로물루스가 한가로이 밭

▲로물루스 신전−팔라티노 언덕 밑 로마포럼에 있다.

갈던 모습을 찾을
수는 없다.

　전입신고
를 마친 로물루스
일행은 함께 살 반
려자가 그리웠다.
로물루스가 택한
방법은 쉽다. 근처
사비니 부족의 여
인들을 납치해 결
혼해버렸다. 큰 잔
치를 빙자해 사비
니 부족을 초대한
뒤 슬그머니 여자
들만 가로챈 사기
극이었다.

　이 과정을
자세히 알고 싶으면 코믹 서부영화 한편을 봐야 한다.
시도 때도 없이 총질해 사람 목숨 빼앗는 마카로니 웨스
턴과 달리 서부 개척기 건실한 농민들의 절박한 결혼애
기를 담은 서정적인 서부극 '7인의 신부' 다. 여기서 형
제 7명의 신부 납치극은 로물루스의 사비니족 신부납치
와 한치의 오차 없이 닮았다. 상황설정과 전개, 결말 등
극본이 같다. 로마에서나 영화에서나 빼앗긴 딸들을 찾
으려는 측과 빼앗아온 아내를 지키려는 측의 싸움은 딸
이자 아내들의 현명한 중재로 해피엔딩이다.

　이후 로마는 사비니족, 근처 에트루리아족 일부
를 합쳐 3개 부족으로된 농업 국가로 거듭 태어났다.

2. 라티움을 넘어 이탈리아반도로

--에트루리아, 그리스, 왕정을 넘어 공화정으로 성장

1)이탈리아 반도 장악

　　농경부족국가 로마는 로물루스를 포함해 4명의 왕이 차례로 다스리며 뿌리를 내렸다. 왕을 세습대신 그때그때 선출한 점이 독특하다. 4명에 이어 에트루리아 도시국가 가운데 가장 강력한 힘을 갖고 있던 타르퀴니아 출신 타르퀴니우스가 B.C 600년 왕위에 올랐다. 에트루리아는 당시 통일된 단일국가가 아니라 그리스처럼 도시국가 연합 형태였다. 농업위주이던 로마와 달리 상업중심이었다. 로마보

▲에트루리아 고분군-타르퀴니아의 B.C 6-5c경 에트루리아 고분군.

다 훨씬 앞선 기술과 제도, 학문을 발전시킨 문명국가였다. 로마가 나중에 에트루리아 문명의 흔적을 철저히 파

▲고분 입구-흙봉분으로 덮인 고분은 내부를 돌로 쌓은 석굴형 집 모양이다.

괴한 탓에 그들의 건축물은 남김없이 사라졌다. 그러나, 지하 고분에 남은 프레스코나 도자기, 무기류, 석관, 보석류 등은 문명의 스승으로 로마에 큰 영향을 끼치기에 충분했음을 보여준다. 로마가 라틴문자를 갖게 된 것도 에트루리아를 통해 그리스문자를 받아들이면서다. 검투 경기도 에트루리아의 희생의식에서 들여왔다.

타르퀴니우스 왕이 상업과 무역을 들여오면서 로마는 성장기를 맞았다. 부가 증대하고 영역도 넓어졌다. 도시의 윤곽을 잡고 각종 건축에 나섰다. 그러나, 로마는 에트루리아 출신 상인왕 3대째인 B.C. 509년 난을 일으켰다. 타르퀴니우스 수페르부스왕을 몰아내고 로마인 지배체제를 다시 확립했다.

B.C 4c 이후 로마는 라티움과 주변 이탈리아 반도 북중부에 할거하고 있던 여러 부족국가들을 차례로 제압해 나갔다. B.C 290년에는 아드리아해를 손에 넣었다. 월드컵 아주리 군단의 '아주리' 란 '아드리아해의 푸른 바닷물' 을 뜻한다. 이어 강대국 에트루리아 도시국가 연합도 몰아냈다. 이탈리아 반도 남쪽으로도 정복의 깃발을 돌렸다. 이곳은 그리스인

▲부부석관-에트루리아 고분 속의 관이다. 부부가 비스듬히 누워있는 아주 정감 어린 모습이다. 루브르 박물관.

▲파에스툼 신전-로마북부에 에트루리아가 있었다면 남부에는 그리스가 있었다. 파에스툼에는 오늘날까지 그리스 신전이 훌륭하게 남아있다.

들이 들어와 차지하고 있었다. 그리스인이 세운 나폴리(Napoli)는 그리스어 '새로운 도시' 라는 뜻의 네아 폴리스(Nea Polis)에서 온 말이다. 나폴리, 파에스툼, 타렌토의 도시국가를 세운 그리스인들은 대그리스 연방(Magna Grecia)을 만들고 번영했다. 로마는 그리스 도시 국가를 차례로 몰아내고 로마영토로 만들었다. 또 갈리아(골)에서 넘어와 B.C 390년 자신을 유린했던 갈리아족도 B.C 3c 말 알프스산맥 밖으로 밀어냈다. 이탈리아 반도는 이제 로마 차지였다.

2)공화정 수립

이탈리아 반도를 손에 넣은 로마는 내적으로도 중요한 적 하나를 성공적으로 없앴다. 왕정 폐지.
B.C 509년 에트루리아 상인 왕을 몰아낼 때 인류가 만들어낸 아주 고귀

▲파에스툼벽화-파에스툼 박물관.

▲귀금속-화려한 에트루리아 귀금속이다, 대영박물관.

한 선물인 공화제를 채택했다. 임기 1년의 집정관 2명이 국가를 다스렸다. 1명이면 독재로 다시 빠진다는 우려에 서였다. 재선은 1번만 허용됐다. 요즘도 4년이나 5년, 7년인 점에 비추면 아주 급진적이면서도 놀라운 민주주의 성과가 아닐수 없다. 전쟁 등 환난 시에 임기 6개월의 독재관을 임명했지만, 그뿐이었다. 6개월의 독재관을 5번이나 연임한 자는 예외적으로 한번에 불과하다. 공화제를 채택한 뒤 왕정이 갖는 강력한 추진력을 잃어 한때 퇴

▲콘코르디아 신전-BC 367년 리키니우스법을 기려
만들었다. 지금은 공터다. 뒤에 보이는 건물은 타블라
리움이다.

보기를 맞기도 했지만 민주주의를 버리
지 않았다. 귀족에서 평민으로 참여범
위를 넓혀가며 건강한 공화제를 발전시
켰다.

  B.C 450년엔 유명한 12표법을 만든
뒤 동판에 새겨 포럼에 설치했다. 민주적 원칙을
성문화해 지켜나간 고대사회의 획기적인 조치다. B.C
367년 제정한 리키니우스법은 평민의 공직진출을 보장해
주는 개혁의 성과물이었다. 로마사회의 법제와 정신은 오
늘날 서유럽 법제의 모태이자 민주적 사회운영원리의 철
학적 기초다. 로마는 5백여 년 간 공화체제로 누구도 넘
볼 수 없던 위업을 달성해 나갔다. 물론 이런 원리가 그리
스에서 상당부분 건너오기는 했지만…

▲브루투스 - 에
트루리아 왕정을
몰아내고 로마에
공화정을 가져온
공화정의 아버
지. 카피톨리나
박물관.

3. 지중해 전역에 로마의 깃발

-- 희생된 카르타고, 시칠리아, 헬레니즘권 유적

1) 포에니 전쟁

시칠리아섬에는 도리아, 이오니아 출신 그리스인과 함께 카르타고인들이 빼어난 문명을 꽃피우고 있었다. 에게해와 이집트, 메소포타미아에서 발달한 고문명의 성과를 그대로 흡수한 결과다. 부력의 원리를 목욕탕에서 발견했다는 "유레카(Eureca, 알아냈다)"의 아르키메데스가 학문을 발전시킨 시라쿠사는 대표적이다. 미국에 있는 대학 시라큐즈는 학문의 도시 시라쿠사를 본딴 이름이다.

▲시칠리아 그리스 신전-시칠리아는 그린스인과 카르타고인이 먼저 개척한 땅이다. 시칠리아 아그리젠토에 도리아 출신 그리스인들이 B.C 5c 만든 콘코르드 신전.

로마는 시칠리아를 장악하기 위해 먼저 카르타고와 맞섰다. 카르타고는 오늘날 레바논 중심의 페니키아인들이

◀제우스 신전-아그리
젠토의 제우스 신전이
다. 그리스인들이 카르
타고 포로들을 혹사시
켜 만들었다. 뒤에 그
리스를 물리친 카르타
고가 보복으로 신전을
파괴했다.

B.C 813년 튀니지땅에 세
운 국가다. 로마보다 조금
앞선다. 신화는 동방의 왕
녀 디도가 신하들을 이끌고
와 세운 것으로 설명한다.
한때 로마와 동맹을 맺기도
했지만 지중해 서쪽 해상권
을 둘러싸고 두나라는 결전
을 치러야 했다. B.C 264년

▲시칠리아 셀리눈
테-시칠리아 셀리눈
테는 그리스 이오니아
인이 건설했다. 에머럴
드빛 바다 위에 얹혀
있는 모습이다.

부터 물고 물리는 접전이 두 나라 사이에 벌어졌다. 해전
을 몰랐던 로마는 카르타고의 선박건조기법을 익혀 예상
을 뒤엎고 카르타고를 무찔러 1차 포에니 전쟁을 승리로
이끌었다.

　　　　로마는 B.C 241년 시칠리아 대부분을 빼앗아 제
국의 길로 들어섰다. 이어 사르디니아섬과 오늘날 프랑스
땅인 코르시카섬을 카르타고로부터 차례로 넘겨받았다.
카르타고가 일찍이 개척해둔 이베리아반도에서도 이권을
빼앗았다. B.C 212년에는 아르키메데스를 죽이고 시라쿠
사를 점령해 그리스인들을 시칠리아에서 마지막으로 몰
아낸 뒤 속주로 삼았다. 로마는 갈리아 남부 해안으로도

진출해 리구리아족과 잔여 그리스인들을 모두 복속시켰다. 해양제국화하는 로마의 기세는 욱일승천이었다.

　　카르타고가 그냥 물러서지 않았다. 1차 포에니전쟁에 참전하고 굴욕적인 패전회담을 맡았던 카르타고의 명장 하밀카르. 8살짜리 큰아들을 비롯해 3명의 아들과 사위, 군대를 이끌고 로마에게 이권을 넘겨줘야 했던 이베리아반도 한 구석으로 갔다. 이곳에서 복수의 칼날을 갈던 하밀카르는 로마와 전쟁을 치르기도 전에 현지 부족의 반란으로 죽고 말았다. 대를 이은 사위마저 죽자 8살짜리 어린이로 고국 카르타고를 떠났던 큰아들이 어느덧 26살이 돼 뒤를 이었다. 고대사회 명장군으로 칭송되는 한니발이다. B.C 218년 한니발은 2차 포에니 전쟁을 일으켰다. 알프스를 넘어 코끼리를 타고 로마정복에 나섰다. 한니발은 지레 겁먹은 병사들을 순순히 돌려보내고 용기 있는 자들만 데리고 떠났다. 아무도 상상하지 못했던 눈 덮인 알프스의 통과. 각고의 고난 끝에 알프스를 넘었을 때 병력이 반으로 줄었다. 다행히, 로마에 당한 갈리아의 협력을 얻어 한니발은 연전연승이었다. 큰 피해를 입은 로마는 속수무책이었다.

▶카르타고─레바논땅 페니키아인들이 튀니지에 건설했다. 3차례에 걸친 로마와의 전쟁 끝에 B.C 146년 철저히 파괴, 정복됐다.

本국의 호응을 얻지 못한 한니발은 전력의 열세에도 불구하고 기병을 활용한 뛰어난 전술로 4차례의 대접전에서 로마군을 무찔렀다. 한니발이 대승을 거둔 칸나에 전투는 역사상 이에 앞서 펼쳐졌던 알렉산더와 다리우스 대왕간의 이소스 전투, 곧이어 한니발과 스키피오 간에 벌어질 자마전투와 함께 고대 3대 전투로 기록된다. 그러나, 한니발이 우세한 상황에서도 수도 로마(Rome)를 공략하지 않은 이유는 영원의 베일에 가려져 있다. 이사이 정신을 차린 로마는 명장 스키피오가 직접 카르타고의 본거지인 아프리카로 쳐들어갔다. 본국의 소환명령을 받고 37년 만에 다시 고국 카르타고로 돌아온 한니발과 스키피오는 B.C 202년 자마에서 맞붙었다. 한니발 군대의 패배였다. 카르타고가 갖고 있던 모든 해외 영토는 로마속주로 문패를 바꿔 달았다. 카르타고는 2류국가로 전락했다.

한니발은 울분을 삼키며 조국 재건에 나섰다. 그러나, 카르타고의 기득권층은 개혁을 통해 다시 강대국을 만들려던 한니발을 로마에 일러바쳤다. 로마는 한니발의 목을 내놓으라고 으름장을 냈다. 소아시아로 피신한 한니발은 재기를 모색했지만, 67세

◀카르타고 행운의 상징 – 알제리 하르프에서 발견된 행운의 상징이다. 카르타고 유적지 곳곳에서 발견된다. 타닛(Tanit)라고 부른다. 루브르박물관.

의 나이로 로마군의 체포가 눈앞에 닥치자 독사발을 들이켜 생을 마쳤다. 어느 사회나 마찬가지지만 개혁은 기득권층에게 자기 것을 포기하란 말이다. 요즘 한국사회도 비슷하다. 반개혁세력은 자신의 기득권 유지를 위해 개혁에 반대하며, 한반도에서 기득권을 잃지 않으려는 주변강대국에 빌붙는다. 정의에 반하는 기득권층의 이익은 늘 외세의 이익과 접점을 찾는다.

▲페니키아 문자−카르타고에서 사용하던 페니키아 문자다. 리비아 렙티스 마그나 박물관.

　　　　로마는 잔인성을 유감 없이 보여줬다. 에트루리아 문명과 이탈리아 반도내 수많은 부족들의 문화와 자취를 씨도 남기지 않고 말살시킨 로마. B.C 146년 카토의 주장대로 3차 포에니전쟁을 일으켜 카르타고를 흔적도 남기지 않고 쓸어버렸다. 카르타고의 반란을 사전에 막는다는 명분이었다. 2차 포에니 전쟁으로 사실상 카르타고는 로마의 적수도 될 수 없었지만 로마는 약자의 운명 따위엔 관심을 두지 않았다. 약자의 사정 봐가며 거대제국을 이룰 수는 없는 노릇이다. 패권주의의 본질이다. 16c 이후 유럽의 제국주의가 그랬고, 20c 초 본질을 드러냈던 일본 군국주의도 그 연장선이다.

　　　　로마가 카르타고에 요구한 15km 후방 신도시 건

설 요구. 해상무역국가에게 항구로부터 15km 떨어진 내륙에 새로 수도를 건설하라니. 새로 지을 돈도 없지만, 지어놓은들 바다와 연계되지 않아 살수가 없다. 상대가 도저히 받아들일 수 없는 요구를 해놓고 자신의 요구를 받아들이지 않았다면서 공격하는게 강자들의 술책이다. 요즘 지구 곳곳을 시끄럽게 만드는 초강대국의 패권도 마찬가지다.

　　　　카르타고는 17일 동안 불탔다. 문화, 예술, 종교, 학문, 건축… 카르타고 문명의 모든 것이 땅위에서 사라졌다. 로마군인들이 땅속의 몇몇 무덤을 발견하지 못한 것은 인류사를 위해 참 다행이었다. 오늘날 무덤 유물을 통해 카르타고 문명의 편린을 들여다볼 수 있기 때문이다.

2)헬레니즘 세계 정복

　　　　이제 탐욕스런 대식가 로마의 관심은 지중해 동방의 헬레니즘 세계로 쏠렸다. 이미 시칠리아나 이탈리아 남부의 그리스세력을 몰아낸 로마는 그리스어권 헬레니즘 세계(알렉산더 사후 동지중해에 생겨난 그리스어권 국가들)를 압도할 자신감에 차 있었다. 그러나, 로마는 문화선진국 그리스에 대해 나름대로 예우를 갖췄다. 개입요청이 있기 전에는 먼저 건드리지 않을 만큼 인내력을 보였

▲베르기나-마케도니아의 수도 베르기나 유적지.

▲로도스 섬 유적지－로도스섬의 3대도시이던 린도스 아크로폴리스에 있는 신전유적이다. 옥타비아누스의 아내 리비아가 데려온 아들이자 로마제국 2대 황제인 티베리우스는 정계에서 은퇴한 뒤 7년 간 이곳 린도스에 머물렀다.

다. 횡포가 컸던 알렉산더의 고향 마케도니아의 필립 5세에 맞서 같은 그리스어권 국가들인 로도스나 페르가몬 등이 로마를 끌어들인 뒤에야 마지못해 들어가는 제스처를 썼다.

로마는 마케도니아를 누른 뒤 자연스럽게 나머지 그리스 도시국가들과 오리엔트의 헬레니즘 세계를 차례로 손에 넣었다. 지중해 전역을 로마의 호수로 만들었다. B.C 51년 카이사르의 갈리아, 브리타니아와 게르마니아 정복은 화룡점정이었다. 양치고, 돼지 기르며 밭 갈던 로마가 제국으로 성장했다. 배타고 건너가 원주민 몰아내며 밭 갈더니 삽시간에 거인으로 자라 문명의 모국 유럽을 비롯해 세계를 삼킨 미국은 로마를 닮았다.

4. 팍스 로마나의 상징 개선문
-- 지중해 각지에 승리와 제국의 상징을

1)개선문

해외로 영토를 넓힌 장군의 공덕을 칭송하는 환영행사가 개선행진이다. 전투에서 5천명 이상의 적을 벤 성과가 있어야 원로원의 허가로 개선행진을 펼쳤다. 개선장군은 4마리의 백마가 끄는 마차를 타고 보무당당 퍼레이드를 벌였다. 공이 좀 떨어지는 경우에는 백마를 직접 타고 행진했다. 공화정 초기부터 개선행진은 시작됐

▲셉티무스 세베루스 개선문－로마포럼 서쪽 끝에 서있다. 3쪽 아치 개선문의 본보기다. 북아프리카 출신 셉티무스 세베루스 황제가 2c 만들었다.

지만, 제국으로 성장하면서 두드러졌다. 개선장군은 적장이나 군인을 잡아 노예로 앞세우고, 전리품 산더미처럼 쌓아 돌아왔다. 시민들은 열렬한 환호를 보냈다. 자신도 죽을 뻔했던 일은 잠시 잊고, 장군이나 병졸 모두 회희낙

▲티투스 개선문-1쪽 아치의 전형인 티투스 개선문이다. 콜로세움 쪽에서 로마포럼을 향해 바라본 모습이다.

락이었다. 로마가 희생시킨 수많은 주변국가 민족들의 한이 담긴 피의 대가다. 정복당한 입장에서 보면 피가 솟구칠 일이다.

개선문(Triumphal Arch)은 개선행진을 항구적으로 기리는 기념물이다. 개선문은 처음 나무로 만든 임시 시설물이었다. 황제정이 시작되고 고정적인 건축물로 자리잡았다. 거대한 석재로 도시 한가운데 세운 뒤 조각이나 부조로 화려하게 장식했다. 황제의 전승을 기리기 위한 각종 내용을 적어 넣고, 승리 장면을 부조로 새겼다. 로마의 영광을 기념하고 이를 영원히 간직하겠다는 콧대가 만들어낸 결과다.

개선문은 아치(Arch)구조가 특징이다. 하나의 아치를 사용해 만든 개선문과 3개의 아치를 이용한 개선문 2종류다. 3쪽 아치 개선문은 가운데 주아치를 세우고 양옆으로 보조 아치를 붙인 형태다. 수도 로마(Rome)에는 세개의 개선문이 현재까지 원형대로 남아 탐방객을 승리와 패배의 현장으로 안내한다. 세계 가운데 가장 오래된 개선문은 1쪽 아치인 티투스 황제 개선문이다. 71년 유대인의 반란을 무자비하게 탄압한 기념용이다. 이어서 2c 말 셉티무스 세베루스 황제, 4c 초 콘스탄티누스 황제 때도 3쪽 아치의 개선문을 세웠다.

개선문은 제국의 수도 로마(Rome)에만 있는 게 아니다. 본국내 다른 도시와 정복한 각지역 속주도시에도 로마의 영광을 기리는 차원에서 만들었다. 이탈리아

중남부 나폴리에서 내륙으로 자리한 베네벤토에도 트라
야누스 황제 때 만든 1쪽 아치 개선문이 훌륭한 원형을
간직하고 있다. 프랑스 남부 오랑쥬나 리비아의 트리폴
리에도 개선문이 남았다. 프랑스 빠리 샹젤리제 거리에
우뚝 솟은 개선문(Arc de triomphe)은 19c 초 나폴레옹이
유럽을 휩쓸고 다닐 때 영광을 자신의 공으로 돌리기 위
해 로마시대 개선문을 본 따 만든 모방작이다.

2)로마군단

　　로마가 지중해 전역에 깃발을 꽂고 개선문을 세
울 수 있었던 비결은 로마군단이다. 강력한 로마군단이
처음부터 존재했던 것은 아니다. 로마는 그리스의 창 부

◀콘스탄티누스
개선문 – 티투스
황제 개선문과 콜
로세움 사이에 위
치한다. 4c 기독교
를 공인한 콘스탄
티누스 황제 때 만
든 후대 작품이다.

대를 아주 두려워할 정도로 약체였다. 농민군을 조직했다가 추수철이면 해산하는 식이었다. 일정한 재산과 자격을 갖춘 로마시민만 군단에 들어갔다. 그러나, 지중해 제국화하면서 전쟁이 많아지자 상비군이 필요해 졌다. 로마가 상비군으로 직업군인제를 도입한 것은 B.C 112년 마리우스 때다. 로마 공화정사에 독재자로 기

▲오랑쥬 개선문-
프랑스 오랑쥬에 남아있는 개선문으로 로마 이외의 지역에 남아있는 개선문 가운데 가장 보존상태가 좋다. 티베리우스 황제 때 만들었다.

록되는 마리우스는 아프리카 누미디아와의 전쟁을 위해 도시 빈민에서도 군인을 뽑았다. 이들을 직업군인으로 훈련시킨 뒤 창, 칼, 방패로 무장시켰다. 장비와, 식량, 취사도구, 여기에 망치, 삽, 도끼 같은 건설장비까지 멘 중무장 병사들이 로마군단의 면모였다. B.C 1c초 로마는 완전한 직업군인체제를 갖췄다. 직업군인들은 20년 간 복무한 뒤 로마시민권과 경제적인 이득을 얻고 결혼도 했다.

로마의 1개 군단은 4천 5백 여명으로 구성했다. '켄투리아' 라고 부르는 백명의 최소단위가 군단을 이뤘다. 로마군단의 장교직은 투표제였다. 장병들이 지도력 있는 사람을 장교로 뽑았으니 지도자는 병사와 고락을 함께 할 수 있었다. 승리의 원동력이 됐다. 장교직은 귀

▲로마군 장비 −로마군인들이 전투 시에 사용했던 장비. 로마박물관

족이나 기사계급에서 차지하다 제국 말기로 가면서 평민
도 맡았다. 참고로 직업군인제가 군인독재자를 낳았다는
점을 간과할수 없다. 장군들은 병사들에게 급료를 줘야
하고, 이 돈을 전쟁에서 승리한 뒤 전리품으로 해결한데
서 온 결과다. 군단이 사병화된 것이다. 의무 징병제 아
래선 전쟁 뒤 군인이 생업으로 돌아갔고, 장군도 공직으
로 돌아가 이런 일이 없었다.

5. 제국을 이뤘으니 독재를 다오 1

-- 카이사르와 독재정치 구축

1)독재의 불씨

▲프톨레마이오스 1세- 알렉산더의 부장으로 동방원정에 참여했던 프톨레마이오스 장군. 그는 알렉산더 사후 알렉산드리아를 중심으로 이집트를 차지했다. 클레오파트라는 그의 후예다. 루브르 박물관.

역사에는 역설적인 장면이 많다. 공화정으로 로마가 지중해 최고의 제국으로 성장했지만 그 절정에서 황제정이라는 독재정치가 기다리고 있었다. 영웅과 독재자는 백지 한 장 차이다. 국가를 위기에서 구하거나 국가의 위신을 만방에 떨친 영웅을 국민들은 열광적으로 좋아한다. 숭배로 이어질 수 있다. 원로원의 방침과 전체 민회의 결정에 따라 임기별로 일하던 공화국의 집정관과 총독. 늘 독재의 유혹에 빠졌다. 특히, 자신이 뛰어나고 공이 많다고 여기는 사람일수록 더욱 그렇다. '탁월한 능력의 소유자인 내가 전권을 갖고 마르고 닳도록 로마를 이끌어야 한다.'

▲카이사르 신전-로마 포럼에 서있는 카이사르 신전이다. 카이사르는 1차 3두 정치를 끝내며 권력을 잡았지만 공화정을 지키려는 브루투스 등 원로원 의원 14명의 칼을 맞고 피범벅이 된 채 먼저 죽은 정적 폼페이우스 동상 앞에 나뒹굴었다. 옥타비아누스가 정권을 잡고 세운 신전이다.

공화국 초기 이런 유혹은 잘 극복됐다. 에트루리아를 몰아낸 브루투스를 비롯해 영웅들은 독재자가 될 수 있었지만 집정관에 머물렀다. 지중해 제국이 된 뒤 훌륭한 조상들을 이해하지 못하는 후손들이 나타났다.

이해력이 모자란 후손 가운데 대표적인 사람은 B.C 100년경 마리우스, 이어 그의 부관 술라였다. 로마는 독재를 휘두르려는 자들의 내전에 시달렸다. 마리우스와 술라의 싸움에서 로마는 피로 물들었다. 그러나 이때까지만 해도 순수했다. 승리한 술라 역시 결국은 B.C 79년 70세에 25살 젊은 여자와 결혼해 새 인생을 설계하며 2년 만에 권좌에서 내려왔다. 종신독재는 아니었다.

민주주의를 확대하려는 시도도 끊이지 않았다. 티베리우스 그락쿠스, 가이우스 그락쿠스 형제의 개혁과 누구도 손댈 수 없었던 스키피오 가문에 대한 카토의 고발이 그렇다. 그락쿠스 형제는 제국주의를 통해 얻은 국부를 모든 구성원들이 함께 나눠야 한다는 취지아래 평등화 개혁정책을 추진했지만 암살 되거나 자살했다. 기득권 세력의 저항은 거세고, 개혁의 여정은 그래서 늘 험난하다. 카토는 개인숭배야 말로 공화주의를 깰 수 있는 죄악으로 봤다. 지금도 귀에 쩌렁 울리는 경구다.

2)카이사르의 흉망

때가 되면 역사는 거꾸로 흘러가는 법. 술라 이후에 폼페이우스와 크랏수스가 동시에 나타나 독재의 불씨를 되살렸다. 이들은 B.C 70년 스파르타쿠스 노예반란을 진압한 뒤 노골적으로 독재의 길로 나갔다. 안타깝게 둘의 역할은 거기에 머물라는 게 신의 계시였다. 1차 3두 정치를 이끌고 나갈 문제의 인물 카이사르가 뒤늦게 나타났다. 공화정을 무시하고 국정을 농단할 인물 카이사르는 마리우스가 독재를 꿈꾸던 B.C 100년 태어났다. 폼페이우스나 크랏수스에 비해서 나이도 어렸지만, 출신도 천미하고, 돈도 없었다. 크라수스의 재정적인 도움을 얻어 관직에 나갈 정도로 열세였다.

카이사르가 단숨에 이들을 제압하고 1인자로 올라설 수 있었던 계기는 B.C 58년 갈리아 총독자리였다. 불과 3만의 군대만을 얻어 갈리아로 간 카이사르는 행운에 피나는 노력이 겹쳐 자신이 목표했던 이상의 성과를 올렸다. B.C 51년 베르킨게토릭스의 반란을 진압하면서 최종적으로 갈리아를 정복하고 브리타니아, 게르마니아도 일부 복속시켰다. 최고의 명성을 얻고, 갈리아족을 자

기 군단에 포함시켜 군사력을 강화했다. 많은 금과 전리
품도 챙겼다. 명성에 군대와 돈이 있으니 이제 최고의 자
리를 요구할 시점에 이르렀다.

이때 로마가 내린 결정은 카이사르 군단의 해산
령. 독재를 막고 공화정을 지켜야하는 로마로서는 당연
한 조치였다. 군사정복 업무가 끝나면 총독은 군대를 해
산하고 원로원으로 돌아와 평범한 의원으로 공화정에서
자기 맡은 일만 수행해야 한다. 수백년간 이어지던 공화
정 로마의 전통이었다.

독재에 눈먼 카이사르는 B.C 49년 루비콘강을 건
넜다. 'Alea iacta est' = 'The die is cast'
= '주사위는 던져졌다'. 루비콘강은
로마본토와 속주 갈리아를 가르
는 경계다. 원로원의 허락 없이
는 군대를 이끌고 들어올 수
없었다. 반란이었다. 그러
나, 공화정을 지키려는 원
로원파는 카이사르를 상대
할 수 없었다. 수도 로마
(Rome)에 군대가 없었기
때문이다. 군사독재를 염
려해 상비군을 본토 안에 두
지 않는 평화적인 제도를 운
영한 탓이다. 로마의 공화정과
민주주의 원칙은 참 대단했다.
서울을 칭칭 동여매는 수도방위사
령부가 로마에 있었다면…

▲폼페이우스-파르살
로스 전투에서 카이사
르에게 패한 뒤 이집
트로 갔다가 암살 당
한다. 루브르 박물관.

폼페이우스와 원로원은 급히 로마(Rome)를 빠져
나갔다. 속주 그리스로 나가 카이사르의 반란을 진압할

수 있는 군을 장악하기 위해서였다.

로마(Rome)입성에 성공한 카이사르는 집정관에 올랐다. 이듬해인 B.C 48년 카이사르군은 마침내 그리스의 파르살로스 전투에서 폼페이우스군을 무찔렀다. 폼페이우스는 이집트로 갔다가 이집트군의 칼에 맞아 생을 마쳤다. 패자에게 관용을 베푸는 약자는 없다. 폼페이우스가 패했다는 소식을 이집트 프톨레마이오스 왕조도 알고 화근이 될 폼페이우스를 죽인 것이다. 프톨레마이오스 왕조는 은혜를 원수로 갚았다. 예전에 그가 프톨레마이오스 왕조의 왕권을 되찾아줬는데…

이집트까지 쫓아가 승리를 확인한 카이사르는 이집트왕조의 저항도 무력으로 으깼다. 40만 권의 장서를 자랑하던 알렉산드리아 도서관(무세이온)은 이때 불탔다. 이곳엔 지구의 둘레를 쟀던 기록을 포함해 엄청난 고대사회 지식이 고스란히 남았었다. 카이사르 덕에 응축된 고대 서양지식은 간 곳 없이 사라졌다. 앞서 카르타고를 멸망시킬 때도 당시 최고의 카르타고 도서관이 불탔다. 인류의 지혜를 날려버린 책임은 누구에게 물을까? 이라크에 마구 퍼붓는 폭탄으로 메소포타미아 문명의 소중한 유적지가 훼손되는 책임은 누가 질까? 4백년도 안된 역사 미국에게 유적은 무의미한가? 고대의 학문이 사라진 자리엔 이름만 남았다. 무세이온(Museion)이 영어 뮤지엄(Museum), 프랑스어 뮈제(Musée)로.

인류의 학문을 박살낸 카이사르는 알렉산드리아에서 뜻하지 않은 암초에 부딪쳤다. 사랑. 52살의 중늙은이 카이사르는 고국에서도 많은 여성들과 바람을 피웠다. 이번 대상은 젊었다. 프톨레마이오스 왕조의 21살짜리 물오른 금발왕녀 클레오파트라에 완전히 빠졌다. 9개월을 같이 살며 아이도 생겼다. 이름은 카이사리온. 가뜩이나 더운 나일강가에서 클레오파트라 품에 안겨 흐느적 거리던 카이사르는 간신히 정신을 차려 소아시아 국가 폰투스의 저항운동을 진압하러 떠났다. '베니(VENI), 베디(VEDI), 베키(VECI)' (왔노라, 보았노라, 이겼노라)의 간결하면서도 함축적인 명카피는 이 전투에서 승리한 뒤 원로원에 전한 말이다. 폼페이우스 잔당을 정리하고 로마(Rome)로 돌아온 카이사르에게 장애물은 없었다. B.C 47년 임기 5년의 독재관, B.C 46년엔 아프리카와 스페인의 폼페이우스 지지파를 완전히 소탕하고 돌아온 뒤 임기 10년의 독재관 자리를 얻었다. 독재관은 전란이 있을 때만 임명하는 6개월 임기였는데…

드디어 B.C 44년엔 종신 독재관이란 기막힌 자리를 차지했다. 물론, 형식적인 원로원 투표를 거쳤다. 난폭했던 술라도 2년 만에 권좌에서 내려왔지만 카이사르에겐 어리석게만 비칠 뿐이다. 카이사르는 동전에 자신의 얼굴을 집어넣고, 자신의 이름 율리우스(Julius)를 따 7월(July)로 삼았다. 자신이 신전에 봉안되는 일에 대해선 일단 심사숙고한 끝에 받아들였다. 때가 아직 아니라고 판단했는지 왕으로 추대되는 것을 거부할 정도로 신중함을 잃지 않았다.

카이사르는 종신 독재관이 된지 한달 뒤인 B.C 44년 3월 15일 공화정을 지키려는 브루투스(카이사르 애인의 아들, 사생아란 설도 있음)와 카시우스 일파에게 암살 당했다. 에트루리아 왕을 몰아내고 공화정을 창시한 인물도 브루투스인데… 이래저래 로마 역사에서 브루투스는 공화정의 상징이다. 황제는 좀더 기다려야 할 운명이었다. 카이사르 암살에는 무려 14명의 의원들이 칼을 들고 나섰다. 원로원회의가 열릴 참이던 폼페이우스 회랑에서 카이사르를 찔렀다. 카이사르는 자신과의 싸움에서 패한 뒤 이집트에서 암살 당한 폼페이우스 동상 앞에 피투성이로 나뒹굴었다. 역사의 무상함이다.

로마의 아버지로 불리는 키케로는 카이사르를 암살한 뒤 떨고 있는 원로원 의원들을 격려하며 머리를 도닥거렸다. 그리고 원로원에 곧 공화정을 선포하라고 권고했다. 공화정의 아버지다운 처사였다. 비록 현실은 키케로의 의도와 달리 진행됐지만…

카이사르가 암살될 때 38살이던 안토니우스는 카

▲베스타 신전-카이사르의 유언장이 보관돼 있던 꺼지지 않는 불의 신전이다. 안토니우스가 이곳에서 꺼낸 유언장에는 옥타비아누스가 후계자로 지명돼 있었다. 로마포럼.

이사르의 2인자였다. 카이사르 암살 뒤처리를 마무리한 사람은 당연히 안토니우스였다. 안토니우스는 암살 뒤 48시간만에 장례식을 치르는 등 조치가 빨랐다. 암살직후 공화파들과 자리를 함께 해 타협을 봤다. 절대권력자 카이사르는 사라졌고, 혼란과 충돌을 피하는 게 모두에게 요구된 시대적 사명이었다. 종신 독재관 자리 폐지와 카이사르가 정한 인사안 추진 등 양측이 한발씩 물러서 위기상황을 넘겼다. 브루투스는 당초 인사안대로 속주총독으로 삼아 로마에서 멀리 떠나 보냈다. 주변을 대충 정리한 안토니우스는 흥분된 마음을 억지로 가라앉히며 서둘러 베스타 신전에서 카이사르의 유언장을 꺼냈다.

유언장에 후계자로 자신의 이름이 올라있을 것을 조금도 의심하지 않았다. 얼마나 기다렸던 1인자의 자리인가? 안토니우스는 카이사르의 오른팔로 숱한 전투를 함께 치렀다. B.C 49년 카이사르가 반란을 일으켜 루비콘 강을 건널 때, 폼페이우스와 그리스땅 파르살로스에서 회심의 일전을 치를 때 안토니우스가 없었다면 카이사르는 승리할 수 없었을 것이다. 카이사르가 숨질 당시 안토니우스는 동료 집정관이었다. 그러나, 결과는 뜻밖이었다.

6. 제국을 이뤘으니 독재를 다오 2

— 옥타비아누스와 황제 세습정치

1)안토니우스와 옥타비아누스

안토니우스의 이름이 올라 있어야할 후계자 자리에 18살짜리 옥타비아누스가 적혀 있었다. 옥타비아누스는 카이사르 누나의 손자였다. 피는 물보다 진했다. 카이사르가 죽기 1년 전 그러니까 B.C 45년 유언장을 작성할 때 옥타비아누스의 나이는 17살. 카이사르는 역전의 자

▶타르수스 클레오파트라 문-클레오파트라와 안토니우스가 처음 만난 도시는 터키 타르수스다. 타르수스에는 클레오파트라의 문이 아직도 남아있다. 안토니우스는 로마에 대한 반역죄를 심판하겠다면서 이집트여왕 클레오파트라에게 타르수스로 와서 재판을 받으라고 통보했다. 그러나 재판은 흐지부지됐다. 재판첫날 안토니우스가 클레오파트라에게 반해 버렸기 때문이다.

기휘하 맹장들을 다 제치고 애송이(물론 로마에서는 16세면 성인으로 인정해줬다)에게 대물림 했다. 피붙이란 점 이외엔 설명이 어렵다. 건강이 약했던 옥타비아누스가 갓 출전한 전쟁터에서 보여준 것은 몸저 앓아 누운 게 전부다. 쿠데타로 법을 뒤집고, 권력을 쥔 카이사르. 수많은 생명 앗아가며 사선을 넘은 독재자에게 믿을 곳은 자기 혈육밖에 없었을 것이다. 민주적 가치와 공화질서가 사라진 가운데 벌어지는 이전투구(泥田鬪狗) 정치판. 힘센 자가 군사력으로 남을 제압하는 난장판에서 자연스런 현상이다. 산전수전 겪고, 동고동락 하며 큰 기업을 일군 동지들 뒤로하고 18살 밖에 안된 혈육에게 경영권을 넘겨 준 셈이다.

　　　B.C 43년 19살 옥타비아누스는 40살 나이제한에 관계없이 집정관에 당선됐다. 이후 옥타비아누스는 카이사르의 길을 그대로 뒤따르는 것 외에 특별한 게 없었다. 카이사르가 풋내기로 거장 폼페이우스와 원로원을 눌렀듯이 옥타비아누스도 열세를 딛고 정적들을 차례로 격파하고 원로원을 무력화시킨 뒤 최고 자리에 올랐다. 옥타비아누스는 카이사르의 유산을 군인들에게 분배해 군의 인심을 얻고, 카이사르 암살 관련자 처벌에 나섰다. '로마의 아버지'로 불리던 키케로와 원로원 의원 등 수많은 공화파인사를 처형한 뒤 속주로 나가있던 브루투스 등 공화파들과도 싸워 승리를 거뒀다. 공화세력의 씨를 말린 셈이다. 이어 레피두스를 끌어들여 안토니우스와 함께 B.C 43년 2차 3두 정치를 열었다. 옥타비아누스는 유럽, 안토니우스는 그리스와 이집트, 레피두스는 아프리카를 나눠가졌다. 로마제국의 분할이었다.

　　　역사상 권력을 나눠 가진 뒤 평화를 지킨 예는 드물다. 로마 역시 아무리 대제국이라 해도 여러 명의 독재

▲아테네 디오니소스 극장-안토니우스는 클레오파트라에 빠지기 전에 옥타비아누스의 누이 옥타비아와 결혼했다. 옥타비아는 아테네에 살면서 안토니우스를 데리고 극장도 다니고 문화예술에 많은 관심을 불러일으켜 줬지만 안토니우스의 마음을 붙잡지는 못했다.

자를 만족시키기에는 비좁았다. 내전을 벌인 옥타비아누스와 안토니우스는 당시 2가지 공통점이 있었다. 자신이 1인자가 돼야한다는 생각과 새 여자에 푹 빠진 것. 24살이던 옥타비아누스는 이미 2번 결혼해 딸 하나를 가진 몸이었다.

그는 애 한 명 딸리고 다시 뱃속에 한 명을 더 가진 19살짜리 임산부 리비아(로마시대 여자는 15살이면 대개 결혼했다)에게 인생을 걸기로 마음먹었다. B.C 38년 리비아의 남편을 설득, 이혼시켰다. 리비아의 남편은 철저한 공화주의자였기 때문에 옥타비아누스를 좋게 볼 리 없었다.

그러나 최고의 권력자에게 반항하기는 어려웠으리라. 옥타비아누스는 이 결혼으로 인생의 행복을 맛봤다. 이후 네로나 도미티아누스 황제도 남의 아내를 강제로 가로채는 전통을 이었다.

안토니우스는 카이사르가 거쳐가며 여왕으로 앉힌 20대 중반의 클레오파트라에 완전히 넋이 나갔다. 옥타비아누스의 착한 누이 옥타비아(옥타비아누스가 안토니우스와 제휴하기 위해 결혼시킴)를 버리고 클레오파트라 곁으로 간 뒤 로마와 결별을 선언했다. 카이사르는 이혼까지 가지는 않았는데, 안토니우스는 더 순진한 것인지…

　　사랑을 손에 넣은 두 사람은 최후의 결전을 벌였다. B.C 31년 악티움 해전에서 옥타비아누스는 안토니우스를 몰락시켰다. 이집트의 그리스왕조를 지키려는 클레오파트라는 카이사르나 안토니우스에게 그랬던 것처럼 다시 한번 옥타비아누스와 결합을 원했다. 그러나, 클레오파트라가 잊은 게 있었다. 자신의 나이. 38살의 나이로 31살의 연하남 옥타비아누스를 유혹하기는 어려웠다. 옥타비아누스는 이집트왕국을 멸하고 황제직할 속주로 삼

▲알렉산드리아-프톨레마이오스 왕조의 본거지인 이집트 알렉산드리아다. 눈부셨던 클레오파트라만큼이나 아름다운 알렉산드리아 해안이다. 클레오파트라의 프톨레마이오스 왕조는 이곳을 수도 삼아 헬레니즘 세계의 중심지로 군림했다.

▲리비아—옥타비아누스는 리비아를 이혼시킨 뒤 결혼했다. 루브르 박물관.

았다. 그리고 제국을 다시 하나로 묶었다. 옥타비아누스는 후환을 두려워해 클레오파트라가 낳은 카이사르의 아들 17살짜리 카이사리온을 처형시켰다. 카이사르의 후광을 입고 나설 경우 양아들 옥타비아누스는 명분에서 카이사리온에게 밀리기 때문이다. 안토니우스와 사이에서 태어난 딸들은 누이 옥타비아에게 맡겨 기르도록 했다. 옥타비아는 이미 자신과 안토니우스와 사이에 난 딸을 키우고 있었다. 이 딸 안토니아는 나중에 옥타비아누스의 처 리비아가 전남편과 사이에서 낳은 둘째 아들 드루수스와 결혼해 게르마니쿠스를 낳았고, 그 아들이 칼리굴라 황제다.

안토니우스는 클레오파트라 품에서 자살로 생을 마감했다. 클레오파트라 역시 자식들에 관한 소식을 듣고, 안토니우스의 뒤를 따랐다. 옥타비아누스에겐 유언을 남겼다. 안토니우스와 함께 묻어 달라고… 클레오파트라는 2명의 남자와 결혼했다. 카이사르와 안토니우스. 카이사르는 클레오파트라를 로마(Rome)로 데려왔지만, 그녀와 정식 결혼하지 않았고, 카이사리온을 자식으로 인정 하지도 않았다. 클레오파트라 모자는 로마(Rome)에 머물다 카이사르가 죽은 뒤 이틀만에 알렉산드리아로 돌아왔다. 안토니우스는 카이사르와 달랐다. 달콤한 밀회뒤에 클레오파트라가 자신의 아기를 낳은 사실을 처음엔 몰랐다. 뒤늦게 쌍둥이를 낳은 사실을 알고 자신의 자식으로 인정했다. 옥타비아와 이혼한 뒤 클레오파트라와 재혼했다. 클레오파트라는 카이사르와 안토니우스를 어떻게 비교했을까?

2)옥타비아누스 황제정

옥타비아누스는 B.C 27년 원로원으로부터 '아우구스투스' (존경할만한 자)의 칭호를 받았다. 칭호와 함께 국가의 모든 권한을 넘겨받았다. 카이사르는 특별히 받은 호칭이 없다. 앞서 술라는 '펠릭스' (행운 있는 자), 폼페이우스는 '마그누스' (위대한 자)로 불렸다. 옥타비아누스는 권력에서 카이사르보다 한발 더 나갔던 것이다. 로마의 전권을 가진 자. 즉, 황제에 올랐다. 공화국 초기 킨키나투스와 파비우스 등의 순수한 위기관리용 민간 독재자에서 마리우스, 술라, 폼페이우스, 카이사르 등 칼을 쥔 군인독재자를 거쳐 독재의 완결판인 황제로 발전해 나간 과정이 흥미롭다.

▲가이우스 카이사르-옥타비아누스의 유일한 혈육은 딸 율리아다. 자신의 오른팔이던 부장 아그리파를 이혼시킨 뒤 율리아와 결혼시켰다. 그사이에서 나온 손자 가이우스 카이사르를 황제자리에 앉히려 많은 노력을 기울였다. 루브르 박물관.

옥타비아누스는 늘 공화정으로 복귀하겠다고 떠벌였다. 이를 순수하게 받아들인 원로원 의원들은 언제 자신들에게 권력이 돌아올까 기다렸지만, 헛된 일이었다. 민정 이양하겠다면서 차일피일 권좌에 앉아있던 체제를 경험해본 현대인들은 이의 본질을 이해할 수 있다. 그러나, 이런 속임수에 익숙하지 않던 원로원의원들은 그래도 끝까지 믿었던 것 같다.

옥타비아누스는 위선을 부린 것 외에 나중에 로마제국에 치명적인 누가 될 일을 남겼다. 근위대의 창설이다. 옥타비아누스는 가문을 물려준 외 작은할아버지뻘 양아버지 카이사르가 왜 죽었는지 똑똑히 기억하고 있었

다. 카이사르는 원로원을 무력화시킨 뒤 원로원에 출근
하다 원로원 의원들에게 암살 당했다. 옥타비아누스도
원로원을 무력화시켰지만, 원로원에 나갈 때 카이사르와
달랐다. 측근 원로원 의원들에 늘 둘러싸여 출근했다. 그
것도 모자라 근위병제를 도입했다. 자신의 신변을 지켜
줄 경호부대의 창설이다. 이 경호부대는 나중에 처음의
도와 정반대로 변질됐다. 황제를 지켜주기는커녕 암살하
는 부대였다. 근위대는 칼리굴라를 암살한 뒤 클라우디
우스를 황제로 지명하는 등 이후 여러 차례 황제 암살에
가담하게 된다.

　　　　옥타비아누스가 남긴 또 하나 위업은 자식에게
권력이양이란 세습제였다. 초기 농민왕시절이나 에트루
리아 상인왕 시절에도 세습은 존재하지 않았다. 옥타비
아누스는 자기 피를 이어받은 자손에게 제위를 물려주는
일에 광적이었다. 처음엔 직접 자기가 아들을 낳으려했
지만 재혼한 아내 리비아가 더이상 낳지를 못하자 포기
하고 유일한 혈육인 첫부인의 딸 율리아가 자식 낳기를
기다렸다. 율리아의 첫남편인 조카 마르켈루스가
죽자 율리아를 자신의 오른팔 아그리파와 결
혼시켰다. 다행히 율리아는 아들 3명을 낳
아줬다. 위로 2명의 아들은 가이우스 카이
사르와 루키우스 카이사르다. 옥타비아누
스는 이들이 소년으로 자라자 유벤투스라
는 소년단을 만들어 가이우스는 단장, 루
키우스는 부단장으로 삼아 심신을 단련시
켰다. 신라의 화랑이 떠오른다. 가이우스
가 15살이 되자 예정 집정관이라
는 초유의 직책을 만들어 차기 권
력 계승자임을 선포했다. 원로원

▲티베리우스-리비아가 전남편과 사이에
낳아서 데려온 큰아들 티베리우스 황제.
옥타비아누스는 76살로 죽으면서 결국
티베리우스에게 제위를 넘겼다. 루브르
박물관.

은 그때서야 옥타비아누스가 공화정 복귀를 말로만 외치고 실제로는 세습왕정을 굳힐 작정이었음을 깨달았지만 너무 늦었다.

　　운명은 얄궂게 돌아갔다. 가이우스와 루키우스가 각각 23살과 18살의 나이로 죽었다. 이들의 동생이자 세 번째 외손자는 망나니로 논외 대상이었다. 결국 옥타비아누스는 76살까지 당시로서는 아주 드물게 오래 살다 A.D (Anno Domino) 14년 리비아가 데려온 양아들 티베리우스에게 제위를 넘기고 떠났다. 통치권자의 세습. 8백여 년 로마 역사상 초유의 현상이었다. 1년짜리 집정관 벼슬에 만족하고 그런 공화정에서만 로마의 앞날이 있다고 본 브루투스는 왕정복귀를 꾀한 자신의 아들을 사형시키면서까지 공화정을 일궜다. 반대로 500여 년 뒤에 나타난 후예들은 공화파 의원을 죽이고, 자신의 피붙이로 대 잇기에 빠져들었다. 역사의 참모습이다.

　　황제는 영어로 Emperor다. 로마시대 라틴어 임페라토르(Imperator)가 기원이다. 로마에서 임페라토르는 최고 군통수권자를 가리킨다. 로마는 철저한 권력분립제였다. 국가 내정 책임자와 군사 전권을 쥐는 사람이 달랐다. 옥타비아누스 이후 우리가 흔히 황제라고 부르는 사람들은 로마사회에서 '제1시민'을 의미하는 프린켑스(Princeps)였다. 제 1시민일 뿐 군림한다거나 국가를 송두리째 갖는다는 차원은 아니었다. 그러나 임페라토르는 다르다. 군에서는 명령과 복종이 생명이다. 절대 지휘 체계를 갖는다. 군에서 쓰던 최고통수권자 개념을 일반 영역으로 확대해 사용한 게 황제의 출발이다. 그러나 황제도 형식적으로는 원로원의 승인을 받는 절차가 있었다. 황제가 살아 있을 때 황제의 요청을 거부한 원로원 결정은 없었지만…

7. 지중해 제국의 초석 로마도로
-- 이정표, 역참, 다리 갖춘 포장도로가 10만km

1)도로는 제국의 기초

"모든 길은 로마로 통한다". 지중해 제국 로마를 만들어준 여러 요인 가운데 도로가 단연 돋보인다. 로마의 도로는 다른 문명권이 흉내낼 수 없는 압도적인 면모를 지닌다. 이미 2천년전 제국 전체에 발길이 닿은 곳이라면 예외 없이 거미줄처럼 깔았다. 제국 내에 10만 km의 도로.

오늘날 영국땅 브리타니아에서 이라크땅 메소포타미아까지다. 그것도 지중해 남북으로 도로를 만들고 주요도시까지 거리도 모두 계산해 냈다. 만주 정도까지를 광활하다고 표현하며 가슴 뭉클해하는 나라에서는 상상하기 힘든 방대한 규모의 도로망이다. 오솔길이 아니다. 마차가 다닐 수 있도록 석재를 사용

▲이집트 도로-이집트의 카이로 근교 사카라에 남아있는 계단피라미드 앞 '왕의 길'이다. 4천년도 훨씬 전에 만든 포장도로인데 만들 당시 그대로의 온전한 모습이다.

▲제라쉬—로마 도로 가운데 가장 압도적인 위용을 자랑하는 곳은 역시 요르단의 제라쉬다. 드넓은 포장도로와 양옆으로 늘어선 거대한 기둥이 압권이다. 가운데는 마차길이고 양옆은 인도, 그리고 인도 옆 기둥 뒤는 건물자리다.

해 만든 튼튼한 포장도로다. 작은 돌부터 1미터에 이르는 큰돌을 촘촘히 박아 견고하기 이를 데 없다. 또, 곧다. 오늘날까지 지중해 연안 로마유적지 곳곳에 남아 수많은 사람들이 밟고 다니는 모습은 경이로움 그 자체다. 특히, 도로 옆에 거대한 돌기둥이라도 남아 있으면 그 앞에서 숨이 턱 막힌다.

    도로를 통해 로마군단이 숱하게 동방으로 서방으로 아프리카로 떠났다. 도로신의 가호를 받은 듯, 승리와 영광만을 안고 도로를 통해 개선했다. 로마보다 힘이 약한 죄 하나로 정복지의 무수한 인민들이 통

◀에페스—터키 에페스의 로마도로.

52

▲코린토스-코린토스는 그리스도시였다. B.C 146년 3차 포에니 전쟁 때 로마집정관 뭄비우스가 완전히 파괴해버렸다. 모든 남자는 살해됐고, 여자는 노예로 팔렸는데 유적은 그대로다.

▲밀레투스-철학자 탈레스의 고향은 오늘날 터키땅 밀레투스다. 탈레스가 사색에 잠기며 걸었을 이 해안가 도로는 코린토스와 구조와 모양이 같다.

한의 심정으로 끌려와 목을 바쳤다. 식민국가 민중의 한이 서린 길이다. 정복한 땅의 보화를 싣고 온 로마는 부자가 됐고, 속주는 가난해졌다. 영광과 착취의 길, 로마도로. 정녕 로마도로는 거대제국 로마를 살아 숨쉬게 만든 핏줄이란 표현이 꼭 어울린다.

물론 로마에 앞선 문명권에서도 로마의 포장도로를 아주 초라하게 만들만큼 훌륭한 도로가 존재했다. 단군 할아버지와 비슷한 무렵인 B.C 2천 500년 전 인더스문명과 나일문명이 만든 도로다. 모헨조다로와 피라미드 근처에서 발굴된 도로들은 엄청난 세월에도 불구하고 옛모습 그대로다. 이 도로들은 에게해와 그리스, 페르시아를 거쳐 로마로 이어졌다. 물론 앞선 문명권들은 로마도로처럼 방대하면서도 효율적인 국가 운영수단으로 전 영토에 건설되지는 못했다.

2)로마도로 건설

　　가장 먼저 만든 도로는 B.C 312년 아피아 가도
(Via Apia)다. 로마(Rome)에서 남부지방 카푸아를 연결
했다. 캄파니아 지방을 공략하기 위해 만들었다. 군사도
로인 셈이다. 나중에 이 도로는 브린디시까지 확장됐다.
길이는 540km. 부산에서 서울, 개성 지나 거의 평양에
이르는 거리다. 브린디시는 그리스로 가는 가장 빠른 뱃
길의 출발지였다. 요즘도 미국 가는 항공로가 가장 빨리
열리듯이 선진국 가는 도로가 먼저였다.

　　로마는 도로를 만들 때 공사지휘자의 이름을 붙
여줬다. '아피아 가도(Via Apia)'는 공사를 주도한 아피
아(Apia)의 이름을 땄다. 프랑스 나르본느에서 1997년

발굴된 로마도로는 총독 도
미티우스 아헤노바르부스
(Domitius Ahenobarbus)가
만들어 비아 도미티아(Via
Domitia)이다. 도시와 도시
를 연결하는 도로는 보통
넓이가 4-4.5m였지만 일부
는 6m까지 넓어진 구간도
있다. 도로 상태도 좋았다.
옥타비아누스 황제 이후 페
르시아를 본따 채택한 우편
제도에서 담당자들은 하루
에 최대 240여km를 달릴
수 있었다. 서울서 대구도
더 달린 셈이다.

　　지중해를 둘러싼 제

▲비아 도미티아-프랑스 남부 나르본느의 로마도로
이름은 '비아 도미티아'다. 로마 총독 도미티우스가
도로를 건설했기 때문이다.

◀마차- 이탈리아 오스티
아에 남아있는 흑백의 마차
모자이크다.

◀도로측면-시리아에 남아
있는 이 도시간 도로는 거
대한 돌을 반듯하게 잘라
만든 구조를 측면에서 잘
볼 수 있다.

◀마차바퀴 자국-쇠바퀴
때문에 도로는 마차궤적을
따라 홈이 파였다. 폼페이.

▲징검다리-도로를 가로지르는 징검다리. 폼페이

국도시들을 도로로 연결했는데 도시간 거리를 모른다면
무척 불편했을 것이다. 이런 불편을 해소하기 위해 도시
간 거리를 적은 이정표를 만들었다. 돌로 만든 원통형 이
정표다. 이스라엘의 로마유적지 카페르나훔에 있는 비아
마리스(Via Maris)의 이정표나 리비아의 로마도시 렙티스
마그나에 있는 이정표, 프랑스 나르본느의 비아 도미티
아 이정표는 생긴 모
양이 같다. B.C 121년
에 만든 나르본느의
비아 도미티아 이정표
는 단순히 로마도로
표지판 차원을 넘어
의미가 크다. 갈리아
최초로 사용된 라틴어
기록이기 때문이다.
그리스 문자권에서 라
틴문자권으로 전환된
것을 뜻한다.

◀이정표-이
스라엘의 로
마도시 카페
르나훔에 있
는 로마도로
'비아 마리
스'의 이정
표다.

로마도로는 군데군데 역을 뒀다. 말과 사람이 쉬거나 필요한 물품을 공급을 받을 수 있도록 하기 위해서다. 요즘 도로 휴게소나 주유소기능이다. 여관이나 음식점도 딸려 있었다. 우편마차는 물론 여행마차가 많이 다녔고, 특히 침대마차도 달렸다. 로마도로를 어떤 식으로 만들었는지 살펴보자. 4개층 구조다.

①스타투멘(Statumen)--도로 맨 아래층을 이루는 토대다. 큰 바위 돌이나 자연석을 깔았다.

②루두스(Rudus)--기초 위에 작은 돌과 모르타르를 섞은 혼합물을 60-70cm두께로 부었다.

③누클레우스(Nucleus)--작은 사금파리 조각 등의 혼합물을 10cm 두께로 덮었다.

④파비멘툼(Pavimentum)--누클레우스 위에는 단단한 돌을 견고하게 물렸다.

4개층으로 쌓으면서 하수도와 상수도를 넣었다. 마차가 다니는 도로와 인도 사이에는 배수로를 홈처럼 팠다. 빗물이 잘 빠지도록 하기 위해서다. 도시간 도로의 경우 주변에 나무를 심지 않았다. 나무뿌리가 넓게 파고들어 도로를 손상시키지 못하도록 하기 위해서다.

도시 안에서 도로는 늘 붐볐다. 사람, 마차, 말, 가축떼… 북새통이었다. 보행자용 인도는 오늘날처럼 도로보다 다소 높았다. 마차가 다닐 수 없는 보행자 전용구간은 도로 한가운데를 돌로 세워 막았다. 요즘 콘크리트더미를 네모 반듯하게 만들어 바리케이드를 친 것과 같다. 오랫동안 사용한 도로는 마차가 다닌 바퀴자국이 깊게 패어 세월의 무게를 실감케 한다.

3)로마 다리

로마도로 곳곳에는 탄복하지 않을 수 없는 구조물이 또 있다. 다리다. 2천년이란 세월이 무색하다는 말은 지금도 사용하는 로마다리에 적용해야 한다. 견고함은 물론 미적 감각도 뛰어난 로마다리. 기껏 콘크리트교각 멋없이 죽죽 세워놓거나, 몇 년 안 되어 무너지는 한강의 다리와는 차원이 다르다. 로마다리는 처음 나무로 만들었다. 특히 군사용의 경우 배를 강에 띄우고 그 위에 나무받침대를 연결하는 임시다리였다. 요즘 군사 도하작전에 쓰는 부교(浮橋)와 같은 원리다. 그러다 재료가 목재에서 석재로 바뀌었다. 로마다리로 가장 유명한 것은 트라야누스 황제시절 다키아지방(루마니아 근처)을 정복하면서 만든 트라야누스 다리다. 길이가 1천m를 넘고, 높

▲메리다 과디아나 다리-2천년 전 로마다리는 성수대교를 겪은 한국인들에게 특별히 깊은 인상을 남긴다. 길이 792m의 로마다리다. 지중해 연안 로마문명 유적지에 남은 가장 길고 견고한 다리다.

▲밀비오 다리 - 312년 콘스탄티누스 황제가 막센티우스 황제를 물리치고 서로마를 평정한 장소는 바로 이 밀비오 다리다. 로마(Rome) 티베레강을 가로지른다.

▲▲터키 로마다리 - 터키의 네무르트 다야에 있는 로마다리다.

이가 20m를 넘는 초대형이었다고 하는데 지금은 흔적도 없이 사라졌다.

그 렇 다 고 아쉬워 할 것 없다. 지금 남아있는 다리만으로도 감동을 불러일으키기 충분하다. 수도 로마 (Rome)의 티베레강 밀비오 다리는 로마시대 석조다리의 표본이다. 사람과 자동차가 아직도 이용한다. 이베리아 반도 최대 로마유적지인 스페인 메리다(Merida)의 과 디 아 나 (Guadiana) 강 로마다리. 장관이란 표현을 이럴 때 써야 한다. 강을 가로지르는 다리는 끝이 보이질 않는다. 남아 있는 다리길이는 무려 792m. 반듯한 돌로 강물 속에 기초를 쌓고 그 위에 반원형의 아름다운 아치교각을 올렸다. 그리고 아치 위에 상판을 얹었다. 자재는 돌이다. 일부 훼손된 구간을 제외하면 대부분이 원형그대로 견고하다. 지금도 사람이 다닐 수 있음은 물론이다. 19c 추가로 확장한 부분이 있기는 하지만 로마다리의 위용과 건축술에 흠뻑 취하기에 최고의 명소다.

8. 바닷길과 항해술도 제국의 원동력

— 초대형 선박으로 지중해 어느 곳이든 누벼

1) 지중해와 항해

로마인들은 바다를 그렇게 좋아하지는 않았다. 그러나, 군사정복과 상업활동에서 바닷길은 도로 못지 않게 로마문명의 생명선이었다. 도로보다 더 빨랐기 때문이다. 도로와 달리 바다는 로마의 관문 오스티아항에서 지중해안 어디로든 직선으로 갈 수 있었다. 오스티아항에서 이집트 알렉산드리아까지 보통 40일 걸렸지만, 계절풍을 만날 경우 이르면 10일만에 닿았다. 가장 멀었던 속주 시리아의 안타키아(안티오크)까지도 보통 55일이지만 빠르면 2주 정도에 다다를 수 있었다. 카르타고까지는 이틀이면 충분했다. 육로로 굽이굽이 돈다면 몇 달 걸리는

▲이집트배—이집트 고분 프레스코에 각종 상형문자와 함께 나타나는 배 모습이다. 선수와 선미가 유선형이고, 가운데 네모난 선실이 보인다.

▲태양의 배--이
집트 기자의 피라
미드 발치에서 발
굴된 B.C 2천 5
백여 년 전 이집
트배다.

길이다. 로마 배들은 군
단을 태우고 부지런히
소아시아로 아프리카로
출항했다. 스키피오가
카르타고를 점령하러
갈 때도 바닷길이었고,
옥타비아누스가 안토니
우스를 친 것도 악티움
해전이다. 선단을 어떻
게 조직하느냐에 전쟁
의 승패가 갈렸다. 로마
가 처음 해전을 치른 것
은 B.C 3c 중엽 카르타
고와 전쟁하면서부터
다. B.C 8c부터 지중해
를 누비며 교역과 군사
활동을 전개해온 그리
스나, 카르타고에 비해 로마는 항해에 관한 한 형편없이
수준이 낮았다. 카르타고의 배를 뜯어 하나하나 건조기법
을 익혀 배를 만들 정도였다. 뒤늦게 해전에 뛰어들었지
만 로마는 지중해 파수꾼으로 해양강국의 길을 걸었다.

제국의 경제를 지탱해준 경제활동도 바다에 의존
했다고 보는 게 타당하다. 로마상선이 이집트 알렉산드
리아 항에서 실어온 곡물은 로마의 빵이었다. 골지방으
로는 포도주를 실어 나른 뒤 도자기를 들여왔다. 사르디
니아의 소금도 주요 이동물자였다. 영국에서는 철광석을
가져왔다. 소아시아 카파도키아에서는 말과 가축을, 북
아프리카 서부연안에서는 올리브기름과 노예를 실어왔
다. 중국에서 비단과 인도에서 향료도 수입했다. 그리고

유리제품 등을 중국이나 아시아로 넘겼다. 로마의 유리 그릇이 신라로 들어온 것도 이 덕분이다. 이때 가운데서 중간다리를 선 나라가 로마와 싸우기도 했던 페르시아땅 파르티아다. 중국 역사에서 안식국(安息國)으로 부른다. 속주에서 들어오는 경제산물은 식민지 민중이 뼈빠지게 일한 성과물이었다. 군사정복보다 더 무서운 속주 경제 수탈이다. 일제시대 부산과 인천에서 실어 나르던 조선 쌀이 생각난다.

사실 로마에 앞서 지중해에서 배를 처음 탄 사람들은 이집트인이었을 것이다. B.C 3천년 전부터 그들은 배를 탔다. 선체가 유선형(流線型)인데 이는 바다항해를 의미한다. 강물보다 물결이 센 바다에서 마찰을 줄여 속도를 더 내려면 유선형 설계가 필수적이다. 이집트 카이로 교외 기자(Giza)의 쿠프왕 피라미드 앞 지하에서 발굴한 B.C 2천5백년 전 '태양의 배'는 인류역사에서 유물로 남아있는 가장 오래된 배다. 길이가 43m에 이른다. 경탄스럽다. 이집트의 배는 오랜 세월 지중해 주변에서 문명을 일군 여러 민족의 손을 거쳐 로마의 배로 이어졌다. 레바논 땅이 기원인 페니키아는 B.C 2천년 이후 지중해 곳곳을 다니며 교역하고 또 정착해 문명을 전파하고 도시를 세웠다. B.C 9c를 넘으면서는 그리스인들이 지중해와 흑해 연안으로 배를 타고 퍼져나갔다. B.C 813년 이후 카르타고가 서지중해를 장악하고 해상강국으로 군림했다. 다음이 로마다. 로마인들은 로마의 깃발아래 앞선 어느 시기보다 자유롭고 안전하게 지중해를 누볐다. 물론 많은 해적들을 소탕한 뒤에…

궁금한 게 하나 있다. 요즘도 바다가 만만한 것은 아닌데, 그 옛날 어떻게 먼 지역들을 배타고 다니면서 활약했을까? 지중해를 이리저리 다녀본 끝에 쉽게 결론을

내릴 수 있
었다. 지중
해였기 때문
에 가능했
다. 지중해
는 기본적으
로 우리 동
해바다와 다
르다. 봄부
터 가을까지
6-7개월은

▲로마배 모자이
크 - 로마시대 건축
술등은 발전했지만
동력분야는 발달하
지 못했다. 엄청난
숫자의 노예를 원
하는 대로 쓸 수 있
었기 때문이다. 오
디세우스 항해 묘
사. 튀니지 바르도
박물관.

지중해 전역에서 비 구경을 하기 어렵다. 매일 맑은 날
이다.

　　비록 늦가을과 겨울에 비바람이 치지만(특히 에
게해 키클라스제도 등에서 강한 바람과 섬 주변에 파도
가 높게 인다) 우리식의 태풍 같은 재난은 아주 예외적이
다. 오리엔트에서 북아프리카 연안의 남지중해는 더욱
조건이 좋다. 겨울에도 궂은 날이 드물고, 기후가 연중 온
화해 표류나, 한파같이 생존에 위협받을 요인이 적다. 1
년 사시사철 아무 때나 비 오고 바람 불어서 언제 바다가
사나워질지 몰라 효성 지극한 심청 아씨 바다에 던지며
살던 우리. 몽고의 향도역을 맞아 일본 치러 갔다가 태풍
에 휩쓸리던 우리와는 전혀 이질적이다. 나일이나 메소
포타미아의 문명이 점차 서쪽으로, 오리엔트의 상인들이
지중해 전역으로 퍼질 수 있었던 까닭이다.

　　물론 아무리 잠잠하다고 해도 난파는 있었다. 로
마인들은 해적선과 난파를 두려워했지만, 짧은 기간에
목적지에 닿을 수 있다는 최대의 장점 때문에 뱃길은 늘
만원이었다.

2)로마배와 항구

로마배는 어떤 모습이고, 어떻게 바다를 항해했을까? 로마영화에서 배가 심심찮게 등장하는데 스키피오 장군을 그린 '스키피오 아프리카누스' 나 '벤허'에서 그 모양과 항해상황을 유추해 볼 수 있다. 당시 배는 돛을 달아 바람도 이용했지만 기본적으로 노를 설치했고, 노예들의 노젓기가 주동력이었다. 인간의 힘으로 움직인 것이다. 배 밑바닥에 수많은 노를 설치해놓고 노예들이 저었다. 노예를 쇠사슬에 묶어 도망가지 못하도록 했다는 주장도 있다.

▲노─배 밑에 구멍을 뚫고 노를 설치한 모습이 잘 보인다. 피아짜 아르메리나 모자이크.

한가운데 북을 치며 장단을 맞추는 병사의 지휘 아래 일사불란하게 단계별로 속도를 내 노를 저었다. 전투 도중 배가 침몰하면 병사들은 탈출하지만 쇠사슬에 묶여 노를 젓던 노예들은 불에 타죽거나 고스란히 배와 함께 바다 속으로 가라앉았다. 로마군함의 위용과 바다정복의 비결이란 게 결국은 노예들의 비참한 희생에서 비롯된 것이다.

노를 젓는 모습은 로마시대 남긴 수많은 모자이크화를 통해 확인할 수 있다. 눈길을 끄는 것은 배의 닻(Ancre)이다. 닻의 크기는 배의 크기와 비례한다. 프랑스 나르본느 근처 노띠끄(Nautique)항에서 건져 올려 현재 나르본느 박물관에 전시중인 닻은 나무와 납으로 만들었는데, 길이가 3.65m나 된다. 가늘어 보이지만 무게는 어

▲돛 올림－선원들이 부지런히 돛을 올리고 있다. 피아짜 아르메리나 모자이크.

▲배모형－옆으로 달렸던 노의 흔적이 보인다. 스파르타 박물관.

▲등대－오스티아항의 모자이크. 2척의 배 가운데 있는 건물이 등대다. 밤에도 항해를 지속해 등대는 필수시설이었다. 4층 높이 꼭대기에 불이 타고 있다.

▲닻－ 튀니지 바르도 박물관에 보관중인 로마시대 쇠닻이다. 쇠로 만든 아래 부분은 원형이고 위 나무는 물론 요즘 새로 만들어 끼워 넣은 것이다.

▲알렉산드리아 파로스등대－세계 8대 불가사의 가운데 하나였지만 지진으로 무너져내려 지금은 볼 수 없다. 무너진 자리에 지은 요새만이 이집트 국기를 휘날리며 서있다.

른 5명의 무게에 버금가는 366kg이다. 배가 무척 컸음을 짐작케 해주는 단서다. 튀니지의 튀니스 국립 바르도 박물관에 있는 닻 역시 압도적으로 크다. 지중해 섬나라 말타의 고쪼(Gozzo) 박물관에도 규모는 작지만 로마시대 배의 닻을 전시중이다. 터키의 보드룸에도 로마시대 난파한 배를 복원하고 그 안에 담겼던 해상유물을 중세 때 지은 보드룸성 박물관에 잘 보관해 놓고 있다. 큰배의 경우 배 길이가 100m를 넘었다.

　　활발한 해상활동의 본거지는 항구다. 로마항구는 반달형으로 아늑하게 형성된 천혜의 포구에 자리잡았다. 파도를 막아줄 수 있기 때문이다. 또 내륙으로도 바로 연결할 수 있게 강과 바다가 만나는 장소면 더욱 좋은 조건이었다. 포구의 방파제 끝에

▲로마항 시데 – 터키 남부 로마도시 시데. 지금은 터키깃발을 단 작은 놀잇배들만 가득하지만 한때 이곳은 노예무역으로 크게 번성하던 로마항구였다.

는 등대를 달았다. 밤에 들어오는 배에게 위치를 알려주는 필수시설이었다. 포구 안쪽으로는 거대한 시장이 형성됐다. 작은 상점이 밀집해 붙어있는 형태다. 리비아의 렙티스마그나, 오스티아, 터키의 밀레투스와 시데에서 로마항구의 모습을 볼 수 있다. 특히 시데는 로마 이후 지금까지 항구의 모습을 그대로 유지하고 있다. 오스티아에는 당시 지중해 각지에서 온 선주사무실 유적이 아직도 가득하다.

9. 지중해 각지에 완성한 로마도시

-- 요충지마다 들어선 2천년 전 계획도시

1)로마의 도시건축

▲아테네 아크로폴리스 - 아테네 파르테논 신전은 바위돌산 꼭대기에 만들었다. 아크로폴리스다. 아래쪽으로 사람들이 모이는 아고라를 만들었다.

도로와 바닷길 덕분에 제국으로 발전하면서 팔라티노 언덕의 로마(Rome)는 세계 최대의 국제도시로 성장했다. 새로운 정복전쟁이 끝날 때마다 노예가 쏟아졌고, 엄청난 전리품이 따라왔다. 이는 새로운 대형건축으로 이어졌다. 또, 서민들도 살아야 하므로 무분별한 확장은 불가피했다. 정도의 차이는 있지만 대도시 팽창이란 게 비슷한 경로를 밟는다. 공화국에서 황제정으로 접어들던 B.C 1c 말 제국의 수도는 인구 50만을 헤아렸다. B.C 44년에서 B.C 7년 사이에 로마를 수차례 방문하고 또 살기도 했던 그리스 출신의 지리학자 스트라보는 대형 건물로 가득찬 거대도시 로마(Rome)에

압도당했다고 고백한다. 신전, 바실리카, 쿠리아, 극장, 원형경기장, 전차경기장, 수도교, 다리, 목욕탕, 도무스(저택), 인술라(아파트)… 이미 기원전에 이런 건물로 발디딜 틈이 없었다. 공공건물과 저택 등은 아름다운 천연색 모자이크, 프레스코, 사실성이 뛰어난 각종 조각품으로 꾸며 화려함이 극에 달했다. 지붕은 모두 오렌지색 기와로 뒤덮여 밝은 이미지를 창조해냈다. 마천루 숲의 현대 도시 풍경만 못할게 없었으리라.

▲로마(Rome) 카피톨리나 언덕과 포럼- 수도 로마(Rome)에서 가장 높은 카피톨리나 언덕에 아테네 파르테논 신전처럼 쥬피터 신전이 있었다. 사진으로는 언덕의 윤곽이 잘 드러나지 않지만 실제 보면 높은 언덕이었음을 한눈에 알 수 있다. 그 아래 사람들이 걷고 있는 건물 잔해 지역이 아테네의 아고라와 같은 포럼이다.

　　　　그러나 한사람 불만을 품은 자가 있었다. 정신벽력이 있는 최고 권력자 네로황제. 그는 로마를 다시 건설해야 한다고 입버릇처럼 되뇌였다. 이러던 차에 64년 대화재가 발생했다. 거대도시 로마(Rome)를 잿더미로 만들었다. 모든 가치가 뒤죽박죽이던 그의 머리 속에서 무슨 일이 꾸며졌는지는 모를 일이다. 역사가 타키투스는 화재가 우연히 일어난 것인지 권력자(네로)의 소행인지 분명하지 않다고 적고있다. 공화주의자로 황제정을 혐오한 타키투스는 네로를 지목하고 싶었을 것이다.

　　　　그러나 분명한 사실은 엄청난 재앙이

었고, 불을 지른 방화범으로 기독교도를 지목해 박해한 점이다. 관동대지진 때 일본 제국주의자들이 머리 속에 스친다. 엄청난 자연재해를 한국인들 방화로 돌리고 대학살을 벌였으니… 6일 밤낮을 불탄 로마는 폐허로 변했다. 이후 콜로세움을 짓고, 티투스 개선문과 목욕탕, 팔라티노 언덕에 도미티아누스 황제 궁전 등을 지으면서 로마는 다시 위용을 갖췄다. 2c 중반 절정에 달한 인구는 전보다 늘어 백만 명으로 불어났다. 지금은 몇몇 유적의 잔해를 통해 당시의 위용을 짐작해볼 뿐이다.

로마는 도시를 건축할 때 자신만의 독특한 철학이 있었는가? 로마는 다른 많은 것처럼 도시건축도 그리스에서 배워왔다. 그리스는 도시 설계시 철학이 있었다. 도시는 반드시 안전하고 높은 산 위에 만들었다. 지중해 주변 그리스 도시들을 돌아보면 거의 대부분 산자락을 끼고 만들었음을 확인할 수 있다. 산의 꼭대기는 가장 안

▲포럼의 건물 잔해 - 포럼의 화려했던 건물들은 헐리고 뜯기며 폐허로 변했다. 일부 땅속에 묻혀 있던 유적은 르네상스이후 조금씩 복원돼 로마를 떠올려준다.

전하고 높은 곳이다. 이곳에 성벽을 두르고 신전을 세웠다. 아크로폴리스(Acropolis)라고 불렀다. 여기서 밑으로 내려오면 자유시민들이 만나는 장소 아고라(Agora)다. 정치행사도 하고 시장도 열린 광장이다. '아고라'는 그리스어 '아고라쪼'(모이다)에서 나왔다. 아테네를 찾으면 쉽게 이해할 수 있다. 아테네에서 가장 높은 돌산 위에 파르테논 신전을 세웠다. 아크로폴리스다. 그 밑으로 고대 아고라 유적이 자리한다.

제국의 수도 로마(Rome)를 보자. 카피톨리나(Capitolina)언덕에 쥬피터 신전을 세웠다. 아크로폴리스를 모방한 것이다. 그리고 그 아래 평지에 아고라를 본 따 포럼(Forum)을 만들었다. 지금도 높이 솟은 카피톨리나 언덕 아래로 포럼을 접할 수 있다. 로마는 이런 방법을 이탈리아반도 남부에 와있던 그리스 도시국가들과 로마보다 먼저 그리스를 배운 에트루리아를 통해 받아들였다. 물론 로마는 후대로 가면서 건축기술을 발달시켜 평지에 도시를 건설했다. 로마가 그리스를 벗어나 거대한 건물을 세울 수 있었던 비결은 돔(Dome)과 아치(Arch)의 건축공법을 발전시킨 데 있었다. 아치를 사용해 더 높이 건물을 올렸고, 돔으로 천장을 둥글게 만들어 더 웅장한 실내 공간을 창조해 냈다.

2) 지중해 연안 로마도시

로마는 지중해 연안 전역에 도시를 만들었다. 식민지 수도나 자치를 허용 받은 도시들이다. 로마가 만든 이 도시들은 거짓말처럼 서로 닮았다. '하나의 주형 틀에서 찍어낸 것이 아닐까' 하는 생각이 들 정도다. 건축물

구조와 배치순서가 어디랄 것 없이 같다. 우선 시민들의 집합장소 포럼(Forum)을 가장 소중하게 여겼다. 포럼 옆에 신전(Temple)을 모신 것은 평지에 도시를 만들어 아크로폴리스가 없어진 탓이다. 공공시설인 바실리카(Basilica)와 쿠리아(Curia)도 그 주변으로 설치했다. 상점가는 포럼의 회랑에 붙여 건축했다. 여가선용에 많은 신경을 쓴 로마인들은 그리스의 연극을 즐겨 멋진 극장(Theatre)을 세우고 옆에는 실내 음악공연장(Odeon)을 지었다. 반원형인 극장을 원형으로 확대해 검투경기용 원형경기장(Amphitheatre)도 크게 만들었다. 체육경기를 벌이던 스타디움(Stadium), 큰 도시는 전차경주를 위해 웅장한 전차 경기장(Circus, 혹은 Hippodrome)을 건축했다. 로마문화의 풍요와 타락, 위생을 한마디로 웅변해주는 공중목욕탕(Terme)도 빼놓을 수 없다. 수도교(Aqueduct)를 세우고 수도관을 묻어 수원지로부터 물을 끌어와 도심지 여기저기로 물을 댔다. 공중화장실(Latrina)과 도시내 도로 밑으로는 하수도를 갖췄다. 무덤과 공동묘지는 성문 밖에 설치했다.

어딜 가나 비슷한 건축물이 같은 구조로 배치된 배경은 속주도시들이 수도를 흉내냈기 때문이다. 작은 로마(Rome)라는 칭송을 자랑으로 여기며 도시를 찍어낸 결과다.

지금도 지중

▲터키 에페스-에페스는 터키땅에 남아있는 가장 큰 로마유적지다.

해 연안에는 2천년 전 모습을 간직한 로마 도시들이 부지기수다. 나폴리 근교 베수비오(Vesuvio) 화산의 폭발로 송두리째 잿더미에 묻혔던 폼페이와 에르콜라눔은 대표적이다. 도시구조는 물론 건물까지 대부분 그대로 남아 로마를 전해준다. 로마의 역사와 건축, 생활문화를 들여다볼 수 있도록 해주는 살아있는 역사 교과서다. 베수비오 대분화는 79년 8월 24일 일어났다. 로마의 역사지리학자로

▲요르단 제라시─중동의 심장부 요르단 제라시의 로마도시 전경.

▲▲시리아 팔미라─트라야누스 황제 때 로마는 아라비아 속주를 설치했다. 풀한 포기 없는 사막 한가운데 우뚝 선 팔미라 유적지다. 한때 제노비아 여왕의 주도아래 로마에 반기를 든 파란만장한 역사가 팔미라 유적지에 더욱 신비한 느낌을 불어넣어준다.

'박물지'를 쓴 大플리니우스는 그때 해군제독으로 나폴리 근처에 있었다. 화산을 조사하겠다고 연기 솟는 베수비오 근처에 머물다 변을 당했다. 다행히 그의 조카인 小플리니우스가 이를 목격하고 글을 남겼다. 당시 자치도시이던 폼페이 주민 2만 명 가운데 대부분은 미리 도피하고 2천여 명이 화산재에 묻힌 것으로 보인다. 폼페이 발굴은 1748년 처음 실시돼 지금까지 이어진다. 폼페이보다 베수비오 산기슭에 더 가까운 에르콜라눔은 폼페이보다 작고, 주거전용 도시였다. 화산재에 묻혀있지는 않았

▲튀니지 두가-북아프리카 해안지대는 연중 온난한 기후 등 생존 여건이 좋아 일찍부터 그리스나 페니키아 상인들이 도시를 건설한 지역이다. 두가는 신전이나 주택, 극장 등이 원형대로 잘 보존돼 있다.

▲키프러스 쿠리온-지중해 키프러스섬에 남은 로마유적지.

지만, 로마(Rome) 근교 항구 오스티아도 훌륭하다.

이탈리아 밖으로 눈을 돌리면 헬레니즘시대부터 번영하던 도시들이 떠오른다. 50만의 인구를 가졌던 로마제국 제2의 도시 알렉산드리아는 그리스 프톨레마이오스 왕조가 세웠다. 그리스 셀레우키드 왕조의 수도이던 안타키아도 번영했다. 에페스와 페르가몬 역시 마찬가지다. 북아프리카 카르타고는 146년 로마가 완전히 파괴했지만, 아프리카의 중앙이면서 로마(Rome)에 가까운 지리적 이점에 옥타비아누스 이후 로마도시로 재건됐다. 카르타고에서 동쪽으로 오늘날 리비아 해안가의 렙티스마그나도 크게 번성했던 항구다. 셉티무스 세베루스 황제의 고향인 탓에

▲프랑스 글라눔−프랑스 남부는 로마 본토만큼이나 번성하던 곳이다. 글라눔 유적지는 프랑스 안에서 가장 완벽한 형태로 로마 시가지 모습을 간직하고 있다.

그가 황제에 오른 뒤 비약적으로 발전했다. 리비아의 사브라타, 알제리의 제밀라와 팀가드, 튀니지의 두가와 스베이틀라를 비롯해 많은 북아프리카 로마도시들은 지금도 장엄한 유적을 고스란히 간직하고 있다. 북아프리카 연안 도시들은 로마제국말기 북아프리카를 독립시키려했던 반란과 특히 5c 반달족의 침입 때 초토화되면서 더 이상 지중해의 주역으로 나서지 못하고 역사의 뒤안길에 묻혔다. 더구나 7c 이후 이슬람세력에 정복당하면서 서유럽의 역사권에서 완전히 잊혀지고 말았다.

오리엔트에는 요르단의 제라쉬, 제노비아 여왕이 활약했던 시리아의 팔미라, 레바논의 발벡이 눈부시다. 이베리아반도에서는 메리다, 프랑스에는 아를르와 님므, 영국에는 배스, 독일에는 트리어에 빼어난 로마유적이 남았다. 키프러스와 로도스 등 지중해 연안 수많은 섬도 마찬가지다.

10. 로마도시의 심장부 포럼 1, 공공활동
– 그리스의 아고라와 스토아를 본뜬 공공시설

1)포럼

로마도시에서 가장 중요한 시설은 포럼(Foro, Forum)이다. 포럼을 살피기 위해 다시 그리스 얘기로 돌아간다. 그리스 시대에는 자유민들이 모이는 공회(公會) 장소를 아고라(Agora)라고 불렀다. 공적인 회합을 가지면서 토론하던

▲아탈로스 스토아–아테네 아고라 오른쪽 끝에 위치한다. 기둥이 늘어선 2층. 실제 크기대로 복원했다.

▲스토아 내부– 목조지붕 아래로 2줄의 이오니아식 기둥이 늘어서 있다. 왼쪽은 야외 아고라로 통하고 오른쪽은 상점 건물이다.

장소다. 일종의 동네 마당이고, 규모가 큰 도시에선 광장의 성격이다. 대개 직사각형이나 정사각형에 한쪽 면은 기둥으로 둘러쳐진 주랑(柱廊)이다. 스토아(Stoa)라고 불렀다. 스토아는 하나의 지붕아래 두줄의 기둥이 좌우로 늘어섰다.

▲터키 페르게 포럼－페르게 포럼 역시 이오니아와 코린트 양식의 기둥으로 회랑을 이루고 있다.

한쪽 기둥 줄은 야외공간인 아고라와 직접 연결되고, 나머지 한쪽은 건물과 붙었다. 건물은 주로 상점이었다. 결국, 스토아는 야외 아고라와 실내 상점건물을 연결하는 지붕 덮인 반 실내공간을 말한다. 아고라에 사람들이 모이지만 햇볕이 따갑거나 비가 올 때면 스토아로 들어왔다. 아테네의 고대 아고라 유적지를 방문하면 아고라와 스토아를 쉽게 이해할 수 있다.

그리스를 배운 로마는 이런 관습을 그대로 유지하며 아고라를 포럼(Forum)으로 이름만 바꿨다. 요즘도 공개토론 등을 포럼이라고 한다. 포럼에서 시민들이 집회를 갖고 토론하던 데서 따온 이름이다. 특히, 로마시대 포럼에선 광장을 빙 둘러 'ㄷ' 자형으로 주랑을 설치해 회랑(回廊)비슷하게 만들었다.

자유시민들은 오전에 주로 포럼에 나와 공식 업무를 보고, 오후에 여가를 즐겼다. 따라서 포럼은 로마 자유 남성시민들의 오전시간을 책임진 장소라고 보면 된다. 도시의 모든 남성들이 모일 수 있는 크기였다. 벌률송사, 공청회, 정치집회, 연설, 토론, 행정, 상업, 무역활

▲요르단 제라시 포럼-요르단 제라시의 포럼은 이오니아 양식의 기둥이 양파모양으로 광장을 둘러싼 아주 독특하고 인상적인 모습이다.

동, 사교… 모든 공적활동이 이곳 포럼에서 벌어졌다. 그러다 보니 포럼 주변엔 공공건물이 들어섰다. 우선 시의회를 열던 쿠리아(Curia), 공문서 보관소인 타불라리움(Tabularium)을 세웠다. 범죄나 기타 송사가 생겼을 경우 이를 해결하는 법정은 바실리카(Basilica)다. 바실리카는 기둥으로 장식한 2층 건물인 경우가 많았다. 바실리카에선 평소 장이 섰다. 넓은 의미에서 로마시대 직사각형으로 만든 건물을 총칭해서 바실리카라고도 부른다. 또, 4c 기독교를 공

▲폼페이 바실리카- 포럼의 남쪽에 자리했다.

▶타불라리움-공문서를 보관하던 장소다. 현재 카피톨리나 박물관과 연결돼 있다.

인한 이후 바실리카 건축기법을 따라 교회를 건축한 탓에, 바실리카는 초기 교회를 지칭하는 말로도 쓰인다. 도

시내 도로는 모두 포럼으로 이어졌다. 참고로 로마도시를 발굴할 때 기본 공식이 있다. 포럼을 먼저 발굴한 뒤 차례로 주변 시설을 찾아나가는 방식이다.

2)포럼과 교육

포럼은 또 하나 중요한 역할을 떠맡았다. 학교로서의 기능이다. 별도의 학교건물(아테나움, Athenaeum)을 두는 경우도 있었지만, 포럼의 야외광장이나 주랑 지붕 아래 그늘, 바실리카에서 가르칠 때가 많았다. 스토아학파란 말이 있다. 논객 제논(Zenon)이 아테네 아고라의 스토아에 제자들을 모아놓고 강론하고 토론한데서 따온 이름이다. 포럼이 교육의 장이었음을 말해준다. 로마시대 학교는 남녀학생이 평등하게 다녔지만, 단계가 높아질수록 소수의 남학생만 남았다. 셈법과 라틴어과정을 마치고 그리스어와 수사학, 문학을 배웠다. 선생들은 회초리로 학생들을 훈육할 수 있었지만 처우가 좋지 않아 다른 직업을 가져야 먹고 살수 있었다.

학교 가는 층은 자유민이다. 상류층은 가정교사를 들였다. 상류층 아이는 엄마가 양육

▲독서하는 남자-출판업이 성행했고, 독자도 많았다. 노예들이 직접 한자씩 써 책을 만들었다. 바르도 박물관 모자이크.

78

▲라틴어 주석판--B.C 3c 이후 라틴어로 책을 쓰기 시작했다. 초기 라틴문자를 새긴 주석판이다. 로마박물관.

▲도서관-터키 에페스에 있는 켈수스 도서관 건물이다. 최고로 아름다운 외경이었음에 틀림없어 보인다.

하지 않았다. 유모젖을 물리고, 유아기를 거쳐 아동기가 되면 그리스 출신 여성 보모, 이어서 그리스출신 가정교사에 맡겼다. '명상록'을 남긴 황제 마르쿠스 아우렐리우스는 집정관이던 할아버지 덕에 문법교사 4명, 철학교사 6명 등 무려 17명의 선생과 공부했다.

청년으로 성장하면 그리스로 유학을 보냈다. 특히 공화국시절이나 제정초기 문화와 학문의 선진국 그리스로의 유학은 하나의 필수코스 같았다. 한국에서 미국으로 몰려가는 것과 마찬가지다. 로마시대에도 그리스어는 학문과 문학언어로 함께 사용됐다. 특히 제국의 동방은 그리스어가 주였다. '명상록' 역시 황제가 그리스어로 적었다. 그리스인 가정교사는 요즘으로 치면 미국인이나 영국인 데려다가 집에 앉혀놓고 독선생으로 영어 가르친 것으로 보면 쉽다. 교육을 마치고 16살이 되면 어른 취급을 받았다. 시민으로 등록하고 군대도 가고, 정치적인 권리도 누렸다.

책은 인쇄가 아니라 일일이 손으로 적은 필사본이다. 출판업자는 노예를 고용해 모두 적었다. 도서관도 물론 있었다. 카르타고와 헬레니즘시대 알렉산드리아는 수십만 권의 장서를 지닌 도서관을 보유했다. 이에 비하면 로마는 한참 뒤졌다. 카이사르 때가 돼서야 공공도서관 건축에 나섰다. 문화후진국임을 알 수 있다. 이후 곳곳에 도서관을 만들었는데 터키 에페스에 있는 켈수스 도서관도 그중 하나다. 켈수스는 플리니우스와 더불어 로마시대 최고의 박물학자로 손꼽힌다. 또, 아시아 총독을 지내며 에페스에 도서관을 세웠다. 그의 이름을 딴 도서관은 학문적인 성과는 둘째 치더라도 아름다운 외경이 보는 이의 탄성을 자아낸다. 도서관의 위상과 역할이 그

▲스토아 강좌-그리스 풍의 옷을 입은 학자들이 토론을 벌이고 있다. 뒤에 기둥이 늘어선 주랑, 즉 스토아가 보인다. 가운데 앉은이는 플라톤으로 추정된다. 나폴리 박물관.

만큼 컸다는 것이다. 국립도서관이나 시립도서관은 한구석에 삐죽이 서있고 호텔과 여관, 술집건물이 가장 화려한 사회는 어떻게 설명해야할까?

라틴어는 라티움 지방에 사는 소수부족이 쓰던 언어, 다시 말해 로마만 쓰던 언어였다. 말만 있다가 B.C 7c 에트루리아를 통해 그리스문자를 받아들여 자모를 만들었다. 그리스의 영향을 벗어나 처음 라틴어로 시를 적기 시작한 것은 B.C 3c경이다. 희곡도 마찬가지다. 이후 차츰 라틴어가 문자로 제값을 인정받으면서 많은 문학작품과 역사서, 전기가 쏟아졌다. B.C 50년 카이사르가 쓴 '갈리아 전기(戰記)'는 라틴어를 문법체계를 갖춘 언어로 자리매김 하는데 크게 기여했다. 그러나 라틴어를 해독할 수 있는 인구가 많았던 것은 아니다. 성인 남자의 10분의 1 정도만이 라틴어로 기록하거나 읽을 수 있었다. 지식인이나 라틴어를 배운 사람들이라도 구두점이나 띄어쓰기, 읽기에 따라 해석이 제각각으로 갈렸다. 속주로 나가면 여기에 현지언어까지 섞여 아주 달라졌다. 변형된 현지 라틴어를 로망(Roman)어 라고 하는데, 서로마제국 멸망 뒤 스페인어, 프랑스어, 루마니아어 등으로 발전해 나갔다.

옥타비아누스 시절 시성(詩聖)으로 인정받은 '아에네이스'의 베르길리우스는 라틴어의 마술사로 로마최고의 문인이었다. 황제의 극진한 예우를 받았다. 학문, 문학의 발전은 그리스에서 들어온 학식 많은 노예들의 공이 컸다. 로마의 문학과 관련해서는 살롱을 지나칠 수 없다. 살롱이 대유행했다. 유력한 귀족은 살롱을 열어 학자들과 문화예술인을 초청했다. 학문과 문학, 예술에 대해 많은 얘기를 나눴다. 이곳에서 문인들이 활동하며 작품을 냈다. 품격 있는 로마문화를 창조해내는 창구였다.

▲베르길리우스 - 베르길리우스와 그의 작품을 들고 있는 여인들이다. 로마건국의 서사시 '아에네이스'를 지은 베르길리우스는 옥타비아누스 황제의 극진한 예우를 받았다. 바르도 박물관.

B.C 2c 이후에는 여성들도 살롱을 여는 경우가 있었다.

　　19c 프랑스에서 여류명사가 살롱을 열어 문인들을 후원하던 예는 2천년 전 로마에서 배운 방법이다. 프랑스살롱에서도, 로마살롱에서도 염문은 인기 높은 선택과목이었다. 글씨는 펜과 잉크로 썼다. 펜은 금속을 날카롭게 갈아서 만들고 잉크는 숯검댕 등을 사용해서 검은색을 냈다. 중국의 발명품인 종이는 중세가 끝나갈 무렵에나 들어왔다. 알렉산드리아에서 선적한 파피루스 뭉치로 만든 두루마리 책을 '볼루멘', 양피지 등으로 제본한 요즘 식의 책을 '코덱스'라고 불렀다.

11. 로마도시의 심장부 포럼 2, 상업활동
-- 상점 가득한 시장은 상업자본주의 기초

포럼은 공적활동의 근거지였다는 점 외에 상업
활동의 중심지였다는 사실도 잊어서는 안 된다. 포럼의
회랑 안쪽은 광장이지만, 바깥쪽은 상점건물이 주를 이

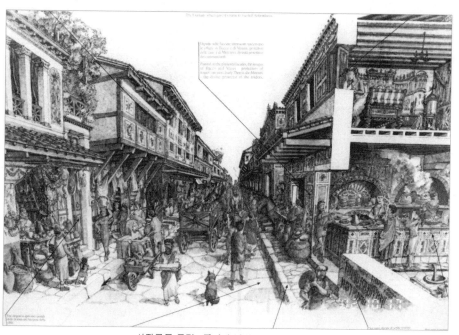

▲시장골목 풍경－폼페이 복원도.

◀시장 건물-리비아 렙티스마그나에 있는 원형 시장 건물이다.

◀상점가-양쪽으로 상점들이 늘어서 있었다. 오스티아.

▲상점 출입구- 문턱엔 홈이 파여져 있다. 폼페이.

▲다층 상점건물-로마(Rome)포럼 북쪽에 있는 하드리아누스 시장.

뤘다. 소시지나 빵 같은 식료품점, 음식점, 유리점, 금은 세공점, 대장간, 옹기점, 옷가게, 직물상, 염색점, 이발소, 목공소, 벽돌집… 온갖 종류의 상점이 가득했다. 가장 인간적인 냄새가 묻어나는 장소다.

규모가 큰 도시들은 포럼 이외에 대형상점가를 별도로 냈다. 상점가는 요즘 상가거리와 큰 차이가 없다. 큰길을 가운데 두고 양옆으로 기둥이 늘어섰다. 기둥 옆 인도 안쪽으로 상점건물이다. 인도까지 짐을 가득 쌓아놨고, 노점상도 한 귀퉁이를 차지하고 앉았다. 아예 고층으로 된 단일 상점건물도 있었다. 오늘날의 대형쇼핑센터나 백화점이다. 로마(Rome) 포럼 뒤쪽 하드리아누스 시장이 그 예다. 번영하던 대도시의 쇼핑풍속도를 상상해 볼 수 있는 유적이다. 상인들은 조합을 결성하기도 했는데 로마(Rome)에는 150개의 조합이 결성돼 있었다.

역시 먹는 게 제일 중요하므로 곡식가게로 가보자. 밀의 분량을 재는 도구가 무척 인상적이다. 예전 시골에서 쌀이나 보리의 양을 잴 때 한 되짜리 됫박으로 거래했다. 10되가 모여 한말이다. 한 말짜리 통이 있었다. 10말이면 한 가마다. 가마니는 짚으로 짰다. 되와 말은 나무로 만들었다. 로마시장에서 곡식 분량을 재는 도구는 돌로 만들었다는 차이뿐 원리가 유사하다. 사람 사는 모습은 비슷했다. 로마에도 빈민은 있었다. 밀을 사먹을 수 없는 빈민층을 위해 B.C 125년 호민관 가이우스 그락쿠스의 발의로 무료분배나 시장가격보다 낮게 공급하는 정책이 나왔다. 빈민 구제법인 셈이다. 옥타비아누스는 혜택 받는 서민 숫자를 20만 명으로 제한했고, 나중에 이 수혜카드는 대부분 교회 손으로 넘어갔다. 마르쿠스 아우렐리우스 황제 때는 밀 대신 빵으로 줬다.

▲곡식 측정기구-분량별로 크기가 다르다. 한 되, 한 말 재던 우리네 도구와 원리는 같다. 그리스 딜로스 박물관.

▲생선가게 표시-리비아 렙티스마그나 시장의 생선가게다. 생선가게의 경우 생선 을 조각해 입구에 세워놨다.

▲포도주 항아리-몸체가 날씬하고 끝이 뾰족한 것은 포도 주 항아리다. 대영 박물관.

▲저울-요즘도 장에서 사용하는 저울과 하나도 다를 게 없다. 로마 국립박물관.

▲올리브기름 항아리-올리브기름을 담던 항아리다. 둥그 렇게 크고 넓다. 대영 박물관.

먹는 얘기하니 달라진 인심 하나 짚고 넘어가지 않을 수 없다. 지금이야 쌀이 천덕꾸러기가 돼서 괄시받는다. 남느니, 창고에서 그냥 썩느니, 쌀농사는 지을수록 밑진다느니… 심지어 쌀농사 안 짓고 땅 놀리면 정부에서 돈까지 준다. 이런 상황에서 자라나는 세대에게 쌀의 개념은 구세대와 완전히 다르다. 현재 한국사회 신세대와 농촌에서 자란 구세대간 의식차이는 구세대와 이역만리 2천년 전 로마인이 갖고 있던 차이보다 더 크다. 수천년의 변화보다 한국사회에서 지난 30년의 변화가 더 컸다는 얘기다.

불과 70년대 말까지만 해도 시골에서 쌀은 생명의 원천이었다. 쌀농사의 풍흉이 민심 내지 정권의 운명과도 관계 깊었다. 가뭄이라도 들면 초등학교 고학년까지 단체로 모내기에 나갔다. 휴경지는 상상할 수 없었다. 쌀밥을 매일 마음껏 먹는다는 생각은 요즘 매일저녁 호화로운 술집에서 술 마시는 개념보다 더 힘들고 절박했던 게 농촌빈민들의 삶이었다. 쌀이나 보리 한 되 팔거나 (사는 것을 '팔아온다' 고 말했다. "쌀팔러 장에 간다"고 하면 쌀을 사러 장에 간다는 뜻이다.) 한 파수(5일장의 한 주기)마다 한말씩 팔아다 밥지어 온가족이 빙 둘러앉는다. 간장이나 고추장에 비비거나 기껏 물 말아 김치 놓고 배 채우던 그 시절. 눈물겹던 어릴적 추억이 이슬방울 너머 뿌옇게 어른거린다.

로마의 생선가게는 입구에 생선을 조각해 놨다. 우리사회 너절구리한 간판보다 산뜻한 광고판이다. 병원 간판은 칼과 뱀이다. 뱀이 의술의 신을 상징하기 때문이다. 요즘 우리 부유층이 건강식으로 수입해 먹는 올리브기름은 중요한 생필품이었다. 식용이자 등잔불 밝히는데 썼다. 셉티무스 세베루스 황제이후 로마(Rome)에는 올리브 기름을 파는 상점이 2천 7백개나 있었다. 옷가게로 들어가면 치수를 재는 자가 돌에 그려져 있다. 신발가게에는 발의 표본크기가 사이즈별로 돌에 새겨져있다. 그 위에 발을 얹어놓고 대략 비슷하게 맞춰 신는 것이다. 요즘도 260cm, 265cm, 270cm… 0.5cm마다 단위가 있다. 그 안의 오차는 자기발로 적당히 맞춰 신는다. 로마시대보다 조금 단위가 세분화됐을 뿐 적당히 맞춰 신고 사는 것은 마찬가지다. 거래할 때 쓴 주화는 로마 본국과 별도로 속주 총독의 권한으로도 주조할 수 있었다. 고리대금업과 함께 은행이 크게 발달했다. 은행을 통해 상업활동을 지배한 금융자본주의 성격이 컸다. 로마는 제국 내 무역과 상거래를 통해 막대한 자본을 쌓았다. 비록 기술개발을 통해 산업혁명으로 연결되지는 못했지만, 상업자본은 대규모로 형성됐다.

　　　물건을 만들어야 시장에서 공급할 수 있다. 도심지 한켠에는 반드시 공장지대가 자리잡았다. 생산한 물

▲창고-프랑스 비엔느 로마 저장창고의 모습이다. 항아리가 땅속에 묻혀있다.

▲빵공장-말이나 소를 이용해 맷돌을 돌려 밀을 빻고, 빵을 만들어 팔았다. 폼페이.

▲세금-장사를 하면 세금을 내야한다. 관리들이 세금을 걷고 있는 부조. 루브르 박물관.

품을 보관하는 저장고도 다수였다. 일부는 지하창고(호레움)를 만들어 보관하기도 했다. 시민들이 가장 많은 관심을 기울인 곳은 아무래도 빵공장이다. 밀로 만든 빵이 주식이었기 때문이다. 빵공장은 동네마다 있었다. 요즘의 동네 제과점 같은 식이다. 4c말 로마(Rome)에만 274개의 빵공장이 부지런히 빵을 구워댔다. 빵공장은 큰 건물에 많은 노예를 거느렸다. 말이나 당나귀를 이용해 방아를 돌려 밀을 빻았다. 나중에는 동물의 힘을 빌리지 않고 방아를 수력으로 돌렸다. 물레방아다. 물레방아에 관한 첫 기록은 395년에 나온다. 로마말기에 가서야 수력을 활용했음을 알 수 있다.

12. 민주주의의 산실 보울레우테리온(오데온)
-- 의회가 열린 의사당이자 음악 소극장

그리스 도시국가들은 민주주의 체제였다. 전 주민이 참석하는 직접 민주주의 의회인 '민회'와 주민대표로 구성하는 대의기구 성격의 '의회' 2종류로 나뉘었다. 의회는 자주 열려 국정을 논하고 민회는 특별한 일이 없을 경우 1년에 한번 모였다. 1년 간 도시를 이끌어갈 행정관료를 선출하기 위해서다. 의회가 열리는 의사당을 보

▲보울레우테리온-의사당. 지붕을 씌웠다. 가운데 탁자를 중심으로 'ㄷ'자 모양으로 쌓아올린 계단에 의원들이 서거나 앉아 난상토론을 벌였다. 프리에네.

▲암만 오데온─지구상에 남아있는 가장 완벽한 형태의 로마시대 오데온은 요르단의 수도 암만에 있다. 밖에서 보면 아담한 건물의 모습이다.

려면 터키의 에게해 연안 이오니아 지방에 이오니아인들이 세운 그리스 도시 프리에네(Priene)로 가야한다. 아주 독특하면서도 어디선가 많이 본 듯한 유적 보울레우테리온(Bouleuterion, 의사당)이 눈길을 끈다. 보울레(Boule, 의회)의 공간이란 뜻이다. 고대 민주주의의 산실이다. 직사각형으로 생긴 보울레우테리온은 가운데 가장 낮은 부분에 연단을 두고 한쪽이 터진 'ㄷ'자 형태로 계단을 쌓아올려 만들었다. 계단이 의원 좌석이다. 의원들이 빙둘러 앉고 누군가 연단으로 내려가 연설하고 안건을 표결에 부치기도 했을 게 틀림없다. 요즘 국회의사당에서도 낯설지 않게 목격하는 부분이다. 보울레우테리온은 목조지붕을 갖춘 실내건물이었다. 시민 전체가 모이는 민회는 극장이나 아고라같이 더 큰 야외공간에서 열렸다.

로마 공화정 역시 원로원과 민회를 운영하는 그리스 시스템과 닮았다. 수도 로마(Rome)의 원로원(Senatus) 자리는 로마포럼의 쿠리아 율리아였다. 원로원 의장은 집정관이 겸했다. 재무관이나, 회계관, 호민관 등

▲아프로디시아스 오데온−아프로디시아스에 있는 반원형 오데온이다. 의사당이면서 동시에 공연 소극장이었다.

의 공직을 마치면 원로원 의원으로 들어갔다. 원로원 의원은 종신이었다. 로물루스가 왕정을 시작하던 당시부터 존재했다. 3백명을 유지하다 카이사르 때 원로원 무력화 정책으로 9백명으로 늘렸지만, 다시 6백명선으로 줄었다. 최고의 관직 집정관은 40살이 넘어야 맡을 수 있었고, 집정관은 원로원에서 결정했다. 집정관을 거쳐야 속주의 총독으로 나갔다.

　　　민회는 포럼이나 경기장에서 열렸다. 1년에 한번 열려 집정관을 제외한 나머지 공직(호민관, 재무관, 회계관)을 선거로 뽑았다. 모든 공직의 임기는 1년이었다. 공화정 아래선 재임만 가능했다. '깜짝 인사'란 상상할 수 없는 검증 그 자체의 공직 엘리트 충원방식이다. 공직선거와 원로원제는 로마공화정을 상징한다. 그러나 로마가 황제정으로 가면서 모든 게 바뀐다. 황제가 직접 집정관 직을 맡았다. 일반공직 선거는 실질적으로 황제가 임명한 사람이 당선되는 형식적인 도구로 전락했다. 원로원의 기능도 마찬가지였다. 로마(Rome)에서 선거를 치르던 장소

◀코미티움-폼페이에 남아있는 투표소.

는 황제정 이후에는 카이사르가 만든 사이프타 율리아였
다. 황제 유고 시에는 원로원이 새 황제를 임명했다.

　　식민지 속주의 수도나 지방자치도시들도 본국 로
마와 같은 방식이었다. 도시마다 선거로 집정관과 보조
관리를 뽑았고, 시의원을 선출해 의회를 구성했다. 지중
해연안 로마의 살아있는 교과서 폼페이 건물 벽에는 깨끗
하고 청렴한 후보를 선출하자고 선전하는 문구가 남아있
다. 요즘과 다름없는 공직선출 모습이다. 관심을 모으는
대목은 선거운동을 본인이 아닌 지지자들이 했다는 점이
다. 자신은 점잖게 출마만 하고 지지자들이 여기저기 다
니면서 표를 달라고 호소했다. 투표장소는 포럼 옆에 만
들었다. 폼페이에는 민회장소 겸 투표소인 코미티움
(Comitium)이 남아있다. 코미티움이야 말로 로마 민주주
의의 결정판이다. 사회공동체를 이끌어나갈 민중의 심부
름꾼을 직접 뽑는 제도. 한사람의 왕정이 아닌 여럿이 민
주주의를 실현하는 공화정은 무엇과도 바꿀 수 없는 인류

▲공연 장면-공연이 한창이다. 피리를 불고 남녀 무용수가 음악에 맞춰 춤을 춘다.
교황청 박물관 모자이크.

의 유산이다.

　　시의회 의사당으로 그리스 시절부터 내려오는 보
울레우테리온을 활용했고, 새로 만든 도시는 별도건물을
세웠다. 오데온(Odeon)이라고 부른다. ㄷ' 자형 보울레우
테리온은 아주 희귀한 경우다. 로마시대 이후 각 자치도
시나 속주 수도에 남아있는 의사당 오데온은 반원의 부
채꼴 형태다. 오데온은 하나의 기능이 더 있었다. 음악전
문 실내 공연장이다. 지붕을 씌운 오데온은 의회가 열리
지 않을 때는 음악 전용극장으로 쓰임새가 컸다. 아담한
소극장 분위기로 생각하면 좋다. 요즘도 그렇지만 음악
공연을 듣고, 연주회에 참석하는 사람들은 주로 명사나
부유층 위주다. 그만큼 경제적으로 번성하고, 관리와 학
자들이 많은 도시였다는 것을 의미한다. 오데온에는 물
론 총독이나 유력자를 위한 귀빈석이 따로 마련돼 있었
다. 관람객은 순서대로 들어와서 앉지만, 단골 손님은 미
리 좋은 자리를 예약했다. 예약석 의자는 구멍이 뚫려있
고, 예약을 표시하는 팻말을 꽂아 뒀다.

13. 로마 공연문화의 산실, 극장
-- 수준 높은 공연 펼치던 문화의 전당

1)극장의 탄생

의사당이자 음악공연장인 오데온에 대해 살펴봤
지만 진정한 로마문화의 정수는 극장(Theatre)에서 펼쳐
진 연극이다. 로마는 B.C 3c 부터 라틴어로 희곡을 쓰고
공연을 펼쳤다. 물론 원조는 그리스다. 그리스는 B.C 9c
이후 그리스어로 된 뛰어난 문학작품들을 쏟아내기 시작
했다. 그리스와 고대 문명권을 합쳐 최대의 서사시로 꼽

▲에페스 극장-그리스권 극장 가운데 가장 큰 규모를 자랑하는 터키 에페스의
극장이다.

히는 '일리아드'와 '오디세이아'는 B.C 800년경 호메로스가 썼다. 올림픽경기는 각종 체육경기와 연극이 주요 행사였다. 덕분에 연극과 극장이 더욱 발전했다. B.C 5-6c에는 4대극작가 아에스킬로스, 소포클레스, 유리피데스, 아리스토파네스가 연극용 희곡을 쓰며 전성기를 이뤘다. 언덕이 많은 그리스 지형에서 야트막한 구릉이 적합한 공연장소였다. 구릉의 경사면에 관중이 앉고, 경사면 아래 땅바닥이 배우의 공연장소다. 비탈경사면이 불편하니까 나중에 경사면을 파서 계단 관중석을 만

▲돌산계단－시칠리아 시라쿠사에 있는 극장의 관중석이다. 돌산을 자연스럽게 깎아 만든 것임을 확인할 수 있다.

들었다. 주로 돌산이기 때문에 돌을 깎아 계단을 만드는 경우가 많았다. 배우들이 편안하게 공연할 수 있도록 바닥에 나무로 무대도 놓았다. 그리스는 겨울철을 제외하면 5월부터 10월까지는 비가 거의 오지 않는다. 야외극장이 가능했던 이유다. 아테네 디오니소스 극장은 B.C 6c 만들었다. 지구상에 남아있는 극장 가운데 가장 오래됐다. 지금은 B.C 4c 개축한 관중석이 남아있다. 이곳에서 디오니소스 축전이 시작됐다. 4대 희곡작가들이 활약한 곳으로 만 7천명이란 많은 관중을 수용할 수 있었다.

2)그리스극장과 로마극장의 차이

로마는 그리스 극장을 모방했지만 그리스 극장보다 한단계 더 발전시켰다. 둘 사이의 차이는 첫째, 관중석을 어디에 만들었느냐다. 그리스식 관중석은 자연스러운

산비탈 경사면이다. 특별히 큰 공사할 일이 없다. 이와 달리 로마는 평지였다. 로마는 언덕이 아닌 평지에 도시를 세웠다. 따라서, 극장도 평지에 지었다. 토목기술이 발전해 뒤에 언덕을 등지지 않고도 높은 관중석을 세울 수 있었기 때문이다.

플리니우스는 B.C 58년 마르쿠스 스카우루스가 로마(Rome)에 그때까지 인간이 만든 그 어떤 건축물보다 장엄한 석조극장을 선보였다고 적었다. 360개의 기둥을 사용해 만든 3층 규모였다. 3층은 나무, 1층은 대리석, 2층은 유리로 치장할 정도의 호화판이었다. 현재 남아있지 않다. 현존하는 로마식 극장 가운데는 B.C 1c말 들어선 마르켈루스 극장이 가장 오래됐다. 마르켈루스는 초대 황제 옥타비아누스의 누이 옥타비아의 아들이다. 아우구스투스는 자신의 유일한 혈육인 딸 율리아를 무척 아꼈다. 아우구스투스는 14살짜리 율리아와 마르켈루스를 결혼시켰다. 그만 마르켈루스가 19살의 나이로 요절하자 실의에 빠졌다. 외손으로 대를 이으려했던 계획이

▲그리스식 극장-거대한 산비탈 급경사가 장관이다. 터키 페르가몬.

수포로 돌아갔기 때문이다. 카이사르가 착공해 B.C 23년 완공된 극장에 그의 이름을 붙여 아쉬움을 달랬다. 원형을 많이 잃었지만 평지에 세웠던 로마극장의 면모가 잘 드러난다. 로마(Rome)에는 극장이 3개 있었다.

두 번째 차이는 무대배경 벽, 스카에나(Scaenae)다. 그리스의 경우 관중석 아래 바닥이나 나무로 만든 무대에서 공연했다. 로마는 오늘날의 극장처럼 관중석 아래로부터 1m 이상 높게 올라간 무대를 석재로 만들었다. 또, 무대 뒤로는 거대한 무대 배경 벽을 높게 세웠다. 무대와 배경 벽에 지붕도 얹었다. 그리스극장에는 없던 시설이다. 무대 배경 벽엔 많은 조각품을 설치해 화려하게 꾸몄다. 물론 지금 로마극장들을 탐방하다보면 대부분 무대 배경 벽이 없다. 그리스식으로 혼동하면 안 된다. 2천년의 세월 속에 무너져 내린 것이다. 거꾸로 일부 무대와 배경 벽 흔적이 있다고 해서 무조건 로마식으로 오해해도 안 된다. 로마는 그리스권 도시들을 정복한 뒤 그리스 극

▲로마식 극장-평지에 우뚝 솟은 모습이다. 로마양식은 이처럼 평지에 기둥과 벽을 세워 만들었다. 마르켈루스 극장.

▲로마식 개조-산비탈에 만든 그리스 극장이었다. 사진에서 보는 것처럼 뒷날 비탈 아래쪽으로 거대하게 벽을 쌓아올려 무대와 무대배경 벽을 만들었다. 로마식으로 개조다. 밀레투스.

▲그리스식-바다를 끼고 있는 키프러스 쿠리온 극장은 관중석 옆으로 배경건물이 보이지 않는다. 그리스식이 이런 모습이다.

▲로마식- 비록 그리스에 있지만 A.D 2c 세운 로마 양식이다. 거대한 무대배경 벽이 솟아 있다. 아테네 아티쿠스 극장.

▶그리스식 제단-극장 바닥인 오케스트라와 관중석 사이에 돌로 만든 제단이 보인다. 관광객이 몰려있는 장소다. 그리스의 연극은 신에게 바치는 제전의 성격이 컸다. 먼저 제단에서 제를 올린 뒤 공연에 들어갔다. 로마 극장엔 이런 제단이 없다. 프리에네.

장에 배경 건물을 세워 로마식으로 개조했기 때문이다.

　　세 번째, 형식을 떠나 의식적인 측면에서 차이를 보인다. 그리스의 연극은 신을 위한 제전이었다. 극장 역시 이런 성격에 맞는 시설을 갖췄다. 극장 한가운데 제단을 설치하고 먼저 제를 올린 뒤 공연에 들어갔다. 그러나 로마에서 연극이나 공연은 시민들을 위한 오락의 성격이 컸다. 극장에 별도의 제단 같은 시설물을 만들지 않았다.

3)로마극장의 구조

　　2천년의 세월이 흐르다보니 로마극장들은 대부분 원형을 잃어 완벽한 형태로 당시를 들여다보기가 쉽지 않다. 관중석 계단만 덩그렇게 남아있거나 그마저도 흙속에 묻혀있는 게 대부분이다. 그러나, 몇 군데는 거짓말처럼 원형대로 로마극장의 진면목을 간직하고 있다. 시리아의 사막 한복판에 기적처럼 솟아있는 보스라, 프랑스의 아름다운 로마도시 오랑쥬, 터키의 아스펜도스 극장이 그렇다. 스페인 메리다의 극장과 리비아 사브라타 극장도 보존상태는 떨어지지만 손색없는 아름다움을 뽐낸다. 특히 트라야누스 황제가 팔미라, 나바티아왕국의 페트라 등을 정복한 뒤 아라비아 속주의 수도로 삼은 보스라의

▲극장외경 - 밖에서 본 모습은 거대한 건축물일 뿐이다. 오랑쥬.

▲무대, 배경 벽, 관중석-시리아 보스라의 경우 무대가 원형 그대로다. 배경 벽의 프로 스카에나를 장식하는 화려한 코린트 기둥, 파라스카니아, 관중석, 오케스트라, 풀피툼의 모습도 선명하게 남았다.

극장은 지중해 주변 로마극장 가운데 원형 보존상태가 가장 훌륭하다.

우선 멀리 밖에서 바라보는 로마극장은 거대한 고층 건물이다. 관중석도 보이지 않고 오직 돌 벽돌로 쌓아 만든 압도적인 위용의 건축물에 불과하다. 극장 안으로 들어가 보자. 무대배경벽, 스카에나(Scaenae)가 높이 솟았다. 대리석으로 표면을 매끄럽게 처리한 배경 벽은 2개의 공간으로 나뉜다. 프로 스카에나(Proscaenae)는 배경 벽의 앞면, 포스트 스카에나(Postscaenae)는 배경 벽의 뒷 공간을 말한다. 프로 스카에나는 각종 조각으로 장식했다. 또, 코린트 양식의 화려한 기둥을 가득 세워

▲프로스카에나 기둥- 프로 스카에나를 장식하는 코린트 양식 기둥들이다. 파라스카니아에서 한 여인이 걸어나오고 있다. 보스라.

▲관중석, 무대, 파라스카니아, 프로스카에나 - 터키 아스펜도스.

장중함을 더했다. 당시 이런 무대배경 벽을 묘사해 놓은
나폴리 박물관의 프레스코는 화려한 면모를 더욱 잘 설
명해준다. 무대에서 연기하던 배우들은 배경 벽에 설치
된 문을 통해 뒷 공간인 포스트 스카에나로 사라졌다 나
타나곤 했다. 각종 효과음도 이곳에서 만들어냈다.

　　　　무대의 양쪽 끝에 해당하는 파라스카니아
(Parascania)는 배우들이 기다리거나 분장도 하고, 소품
도 보관하는 분장실, 대기실이다. 무대(Stage)는 극장 바
닥보다 높게 돋웠다. 배우들이 연기하는 공간이다. 무대
배경 벽과 무대는 지붕으로 덮었다. 비가와도 하늘로 열
린 관중석만 비를 맞을 뿐 무대는 그렇지 않았다. 요즘 축
구장은 정 반대인데…

　　　　무대 아래쪽은
반원형의 오케스트라
(Orchestra)다. 무대보다
1-2m 낮은 바닥이다. 오
케스트라 바닥에는 각종
화려한 컬러무늬 돌을
깔았다. 원래 그리스어

◀프로스
카에나 -
프로 스카
에나를 장
식하는 옥
타비아누
스 황제의
동상이 보
인다. 오랑
쥬.

오르코우마이(Orchoumai)는 '춤춘다(Dance)'의 뜻이다. 오케스트라가 춤추는 장소 다시 말해 공연하는 바닥이었을 말해준다. 무대를 만들면서 공연장소는 무대로 올라갔다. 오케스트라에서 일부 춤도 췄고, 악단도 자리했다. 오케스트라와 무대사이의 벽을 풀피툼(Pulpitum)이라고 불렀다. 풀피툼에는 화려한 조각품을 설치하거나 벽면에 직접 새겼다. 오케스트라는 관중석, 카베아(Cavea)와 연결된다. 관중석은 계단형이다. 그리스식을 본 따 언덕 경사면을 이용하거나 평지에 기둥을 세워 만들었다.

전기가 없어 당시 인공적으로 소리를 크게 할 수 없었다. 관중석 뒤편에선 배우들 소리를 들을 수 없었을까? 그렇지 않다. 직접 확인해 보니 오케스트라에서 동전 하나 떨어트리는 소리도 맨 뒷자리에서

▲풀피툼–가장 아름다운 풀피툼 조각은 터키의 고대 온천도시 히에라폴리스 극장에 있다.

▲오케스트라, 무대–그림보다 아름다운 리비아 해안가 극장 역시 관중석과 오케스트라, 풀피툼을 잘 보여준다. 렙티스마그나.

▲관중석 – 요즘도 공연을 치르기 때문에 악단
이 들어와 있다. 아스펜도스.

들을 수 있다. 반원형의 구조에다 무대 벽면과 관중석이 높게 솟아 소리가 퍼지지 않고 잘 보존, 전달된 덕분이다. 관중석에 귀빈석이 따로 있었다. 팔걸이 달린 최고의 귀빈석과 등받이만 달린 일반 귀빈석이다.

▲포스트 스카에 나 – 무대 배경 벽 뒷 공간이다. 이곳으로 배우들이 사라졌다 나타나곤 했다. 제라쉬 극장.

또 하나 천막인 벨룸(Velum)을 지나칠 수 없다. 지중해 연안은 여름에 거의 구름 한 점 없이 햇살이 무척 따갑다. 저녁 무렵이라 해도 야외에서 햇살을 받으며 공연을 구경하기란 견디기 쉽지 않다. 그래서 관중석엔 천막을 꼭 드리웠다.

▲귀빈석 – 터키 프리에네 극장의 귀빈석이다.

4)공연

로마극장에서는 주로 무엇을 공연했을까? 처음 그리스원전의 희곡들이 많았다. 또 로마시대 자체적으로 만든 작품도 무대에 올렸다. B.C 3c 말부터 라틴어로 희곡을 썼다. 처음에는 격조 있는 작품도 나왔다. 또, 검열이 있기는 했지만 지배계층을 풍자하는 작품도 선보였다. 간통 같은 연애사건은 특히 인기 있는 풍자대상이었다. B.C 2c 로마희곡 가운데 비극이 절정에 이르렀다. 뚜렷한 줄거리를 가진 극을 춤으로 표현하는 요즘의 발레 같은 공연도 사랑받았다. 이는 주로 교육받은 상류층이 즐겼다.

로마 후대로 가면서 상황이 변했다. 외국인이 늘어난 반면 라틴어를 구사하는 관객의 숫자는 줄었다. 그러다 보니 내용이나 줄거리보다 그저 자극적이고 외설적이며 우스꽝스런 연기가 주를 이루는 식으로 변질되고 말았다. 무언극이나 익살극이다. 요즘 우리 방송 프로그램 같은데. 한국말 하는 사람이 줄지도 않는 상황에서 왜 그럴까? 연기력에 관계없이 연예기획사 출신 배우들 써야하니까 그런가? 그릇된 시청률 경쟁 관행 때문인가?

각종 공연 때 배우들은 얼굴에 가면을 썼다. 로마시대 모자이크나 프레스코화를 통해 이런 모습을

▲분장실 - 배우들이 분장실에 앉아 연극준비를 하는 모자이크. 바닥에는 탈이 놓여있다. 나폴리 박물관.

충분히 살펴 볼수 있다. 로마시민권을 가진 사람은 주역만 맡았다. 배우의 지위는 낮았지만, 대중들을 열광시켰다. 인기가 하늘을 찔렀다. 처음엔 남자들만 배우가 될수 있었다. 여자역은 가면을 쓰고 남자가 맡았다. 차츰 여배우도 나타났다. 관중은 좋아하는 여배우의 이름을 소리 높여 외쳤다. 좀더 적나라한 옷차림도 주문했다. 싸구려 사랑극이 많았기 때문이다. 물론 여배우들은 좀 난잡했다. 돈을 받고 따라나간다는 얘기도 널리 퍼졌다. 남자배우들은? 역시 여성들의 인기를 한 몸에 받았다. 상류층 여인들 어떤 경우에는 황후를 사랑에 빠지게 만드는 남자배우도 있었다. 클라우디우스 황제 부인 메살리나는 배우를 놓고 연적인 네로의 장모 포파에아와 다투다 그녀를 간통죄로 고발하는 촌극도 연출했다. 질투가 빚어낸 일이다. 도미티아누스 황제의 황후 도미티아는 황제가 자리를 비운사이 배우 파리스를 끌어들였다. 꼬리가 길면 잡히는 법. 난폭하기로 소문났던 도미티아누스는 파리스를 사형에 처했다. 황후 기분전환 시켜준 죄치고는 너무 무거웠다.

황제는 황후를 내쳤지만, 잊지 못하고 다시 궁궐로 불러들여 안살림을 맡겼다.

실감 있는 연기를 위해 요즘으로선 이해할 수 없는 일도 벌어졌다. 배우들끼리 서로 때리거나 상처를 입히는 것까지

▲연극연습 - 배우가 탈을 들고 대본을 보며 공연연습 하는 부조. 루브르 박물관.

는 봐줄 수 있다. 도를 넘어서 관중들의 성원에 답하기 위해 사형선고 받은 죄수를 배우로 등장시켜 실제 고문을

▲희극 연기장면 – 나폴리 박물관. 모자이크.

가했다. 심지어 죽이는 장면도 서슴지 않았다. 이에 비하면 요즘 우리사극은 양반이다. "네 죄를 이실직고하지 못할까?" 하면서 "저자가 바른말을 토설할 때 까지 매우 쳐라"는 불호령이 떨어진다. 다음순간. 곤장 치는 소리가 요란하고, 볼기짝에 붉게 핏물이 피어오른다. 불나게 맞는 무술이 역할의 배우. 엉덩이에 보호대 착용하고, 물감 뿌려 효과낼 뿐이다. 실제 죄수 데려다 살점이 떨어져나가도록 패고 찔러야 즐거움을 얻을수 있었던 로마인들의 소름끼치는 관람태도가 사라지길 천만 다행이다.

황제 네로는 연극에 깊이 빠져들었다. 스스로 가수역할을 맡아 키타라를 연주하며 노래를 불렀다. 자신을 예술가라고 믿어 의심하지 않았던 그는 자살을 강요받고 저승으로 떠날 때 훌륭한 예술인 한 명이 사라지는 게 안타깝다는 말을 남겼다.

14. 광기의 인간성 상징 원형경기장

-- 공화정치 잊고 검투사의 절규 담긴 살인장으로

1)검투경기

연극에서 죄수 데려다 죽이는 경우가 있었지만 이는 초보단계의 공연이었다. 본격적으로 사람과 짐승을 마구 찔러 죽이는 경기는 따로 있었다. 원형경기장(Amphitheatre)에서 펼친 검투경기다. 우아하기만 할 것 같던 로마문화의 잔인하고 비인간적인 측면을 보여주는 검투경기에 대해 자세히 살펴보자.

넉넉한 먹을거리와 오락은 로마제국 도시민들이 누려야할 권리였다. 공화정 시절부터 전통이었다. 선거를 통해 민중들도 권력창출에 참여할 수 있게되자, 공직에 입후보하는 사람들은 민중에게 인기 얻을 묘안 찾기에 머리를 싸맸다. 이는 음식과 오락 제공 형태로 나타났다. 오늘날

▲검투경기 – 튀니지 바르도 박물관 모자이크 전시관에 짐승과 대결하는 검투사의 모습이 잘 나타나 있다.

108

▲검투경기-인간 대 인간의 경기가 점차 인기를 모았다. 오락을 위해 잔인하게 인간이 인간을 죽였다. 보르게제 미술관.

후진국 선거판과 어찌 그리 닮았는지. 집정관이 되거나 황제에 오르면 크게 한턱내는데, 그게 바로 대형 스펙터클의 제공이다. 상상하기 어려운 거금을 들여 검투경기, 전차경기를 열었다. 그중 검투경기는 최고인기였다. 요즘 실업문제가 생기면 새로운 일자리를 창출하느라 정부는 골머리를 썩는다. 로마시대에는 어땠을까? 도시의 빈민계층이 일 안하고도 먹고 살 수 있는 방법을 찾느라 전전긍긍이었다. 민중을 이런 방법으로 통제하지 않을 경우 정부에 대해 과격해질 수 있다고 봤다. 잔인한 경기에 아편처럼 빠져들어 빵이나 먹으면서 하루하루를 보내라는 게 위정자들의 의도였다. 한때 우리사회에 널리 회자됐던 3S정책과 궤를 같이한다. Sex, Sports, Screen에 몰두하면서 정치는 잊으라고 넌지시 겁줬다. 함부로 나서다 다치지 말라는 게 독재자들의 고마운 충고였다.

　　　　건물을 지어놓고 대중 앞에서 스펙터클을 펼친다는 개념은 앞서 살펴봤듯이 그리스 공연에서 출발한다. 연극, 시 낭송, 음악, 올림픽 경기로 신에 대한 제전이었다. 로마인들은 이를 나약한 것으로 봤다. 올림픽 체육경기는 나체로 행해진다는 점에서 남색(男色)과 관련시켜 호의적이지 않았다. 카이사르나 옥타비아누스, 특히 네로가 그리스문화에 심취해 전파에 나섰지만 대중 속으로

확산시키지는 못했다. 세계제국을 건설한 로마의 문화는 전투적이었다. 뭔가 피를 봐야했다. 검투사들의 경기, 인간과 짐승의 경기는 이를 반영한다. 이런 검투 문화는 에트루리아 문명에 뿌리를 둔다. 에트루리아의 항아리나 그릇류에는 검투경기 그림이 많다. 검투경기는 처음 에트루리아에서 장례행사의 하나로 치러졌다. B.C 264년 브루투스 페라의 아들들이 아버지 장례행사로 3건의 검투경기를 동시에 치렀다. 노예들을 싸우고, 죽게 해 나온 피를 희생의식으로 여겼다. 이런 문화는 곧 로마로 수입됐다. B.C 105년에 처음 로마에서 체계적인 검투대회가 열렸다. 이때까지는 대중들이 많이 모이는 장소인 포럼에서 임시로 벌이는 게 고작이었다. 장터에서 천막 치고 서커스 하듯이…

　　검투경기를 손쉽게 연상하려면 초기 기독교 소재 영화를 보는 게 좋다. 박해받는 기독교 신자들이 사자와 싸우는 검투장면이 많다. 최근엔 '글래디에이터'

(Gladiators)란 영화가 개봉돼 검투경기를 접할 수 있었다. 과거 이탈리아의 육체파 여배우 소피아 로렌이 열연했던 '로마제국의 멸망'이란 작품을 좀더 자극적이고 잔인하게(할리우드 영화의 추세지만) 리메이크한 '글래디에이터'는 장대한 규모의 원형경기장인 콜로세움을 되살렸다. 그러나, 잔인한 장면이 적으면서도 인간적인 감동을 더 주는 쪽은 옛날 작품이다. 야릇한 본능의 샤론 스톤에 뇌쇄 당한 마이클 다글라스. 그의 아버지 커크 다글라스는 달랐다. 로마노예들의 반란을 다룬 '스파르타쿠스'에서 역사 속 인물 스파르타쿠스 역을 무게 있게 잘 소화해 냈다. 검투사들이 겪었던 고통, 반란을 일으킬 수밖에 없는 사회구조, 로마를 공포 속으로 몰아넣었던 과정을 그대로 담은 영화 '스파르타쿠스'. 검투사학교를 탈출한

▲난동사건 - 경기가 열리는 관중석위로 햇빛을 막기 위한 천막이 보인다. 폼페이 원형경기장에서 있었던 난동사건을 그렸다.

노예 2백여 명이 트라키아 출신 노예 검투사 스파르타쿠스를 대장 삼아 나섰던 역사소재의 영화에서 검투경기를 큰 과장 없이 잘 들여다 볼 수 있다. 참고로, 로마군대를 연파하며 해방을 선언했던 노예군은 아프리카로 가지 못하고 크랏수스와 폼페이우스 연합군에 패해 종말을 고했다. B.C 71년 로마(Rome)에서 브린디시로 가는 아피아 가도에 스파르타쿠스와 노예를 매달은 십자가가 끝없이 늘어섰다. 영화는 이 장면으로 끝을 맺는다.

검투경기는 처음 인간 대 짐승이었다. 사자, 곰, 코끼리, 황소, 코뿔소, 하마, 악어, 뱀, 타조… 인간대 인간의 경기도 나타났다. 검투경기는 다양한 규칙과 방법이 있었던 것으로 보인다. 당시 검투경

기를 묘사한 모자이크가 이를 말해
준다. 키케로의 기록 보면 눈을 가
리고 검투경기를 벌이는 등 별별
방법이 다 나왔다. 검투경기에서
수많은 짐승과 검투사가 저승으로
떠났다. 콜로세움이 완성되고 첫
100일동안 수백 명의 검투사와 수
천 마리의 짐승이 죽어나갈 정도였
다. 국가적인 경사가 있을 때 마다
이런 일이 벌어졌다. 175일을 계속
해서 검투경기를 벌인 적도 있다.
경기장 바닥에선 피비린내가 코를
찔렀다. 쓰러진 검투사의 시체를
들어내고, 새 모래를 깐뒤 향수를

▲검투사 부조-루브르 박물관.

뿌린 다음 다른 조가 경기를 이어갔다. 무기를 빼앗기고
바닥에 쓰러진 검투사의 운명은 황제의 손에 달렸다. 주
최자인 황제나 집정관이 엄지손가락을 내리면 죽이고,
올리면 자비를 베풀어 살려줬다. 사실 이 역할의 실제 주
인공은 관중이었다. 관중들이 피에 굶주려 죽이라고 흥
분하면 손가락을 내릴 뿐이다. 잔인하고 아찔한 순간이
나올수록 관중들은 흥분의 도가니로 빠져들었다. 지식인
들은 대개 부정적인 견해를 나타냈지만, 황제조차 이를
중단시키지는 못했다. 오히려 자신에 대한 시민들의 인
기도를 검증하는 정치수단으로 삼았다. 고리대금업에 몰
두한 스토아 철학자 세네카만이 강력하게 검투경기를 비
난했다.

경기가 열리기 전이면 거리마다 포스터가 나붙었
다. 전단도 만들어 돌렸다. 입장 요금은 없었다. 대중의
환심을 사기 위해 정치인들이 베풀었기 때문이다. 공짜

여서 너무 많은 사람이 모이다보니 좋은 자리를 차지하기 위한 경쟁이 뜨거웠다. 일찍부터 나와 줄서기는 당연하게 여겼다. 월드컵 경기장 입장권 좀 사보려고 경기장 앞에서 천막 치고 며칠씩 자는 일과 로마시대 검투경기 보기 위해 줄서는 것과 차이가 있을까?

검투경기는 한낮의 찌는 더위 속에 시작되는 경우가 많았다. 땀과 피로 범벅된 검투사들의 생존을 건 싸움을 보는 관중들은? 물론 더우면 안됐다. 그래서, 경기장 위로 거대한 천막을 쳐 햇볕을 가렸다. 요즘도 축구장 관중석에 비 맞지 않도록, 내리쬐는 햇볕 들지 않도록 지붕 만드는 이치와 같다. 햇볕이 정 따가울 때는 야간경기를 열었다. 프로야구나 축구 야간경기와 같다. 전기료가 저렴한 요즘과 달리 로마시대 야간경기는 엄청난 예산이 들었지만 개의치 않았다. 여자관중들도 있었는데 난잡한 일이 있을까봐 나무로 분리대를 만들었다.

원형경기장에서 검투사들만 싸웠던 게 아니다. 요즘도 홀리건이라는 광적인 축구팬들이 뉴스 가십난을 가끔 흥미롭게 만든다. 자신이 응원하는 팀이나 고장, 국가를 지나치게 좋아하다 상대 관중에게 난폭한 짓을 일삼는 사람들. 크게 부상하고 죽기까지 한다. 로마시대도 그랬다. 폼페이에선 리비네이우스 레굴루스가 주최한 검투경기에서 관중간 대형 유혈충돌이 발생했다. 원로원은 폼페이에 10년 간 검투경기 중지령을 내릴 정도였다. 주동자들에겐 도시 추방령이 떨어졌다. 시민의 권리가 절대적이던 당시 상황에서 서릿발같은 조치였다. 물론 네로 황제는 검투경기 금지명령을 3년 뒤 거둬들였다. 황제에겐 폼페이 출신 미모의 아내 포파에아가 있었다. 포파에아의 고향사랑이 대단해 황제의 마음을 움직였던 것이다. 로마말기 1년 365일에서 휴일 수는 175일이었다. 하루 자고 나면 휴일이었다. 휴일에 매일은 아니었지만, 검투경기는 민중을 사로잡는 좋은 처방가운데 하나였다.

　검투경기는 요즘의 프로야구나, 축구, 농구를 연상하면 된다. 우선, 전문선수를 뽑아 훈련시킨다. 편을 갈라 대결한다. 초기에는 주로 포로, 죄수가 검투사로 나섰다. 이어 노예, 그리고 나중에는 갈 데까지 간 자유민들도 끼어들었다. 돈을 받았기 때문이다. 검투사 양성학교가 로마제국 전역에 생겨났다. 고된 훈련을 통해 강인한 체력을 길러야했던 탓에 잘 먹었다. 검투사는 보통 일년에 3-4차례 경기를 치렀다. 특별한 경우가 아니면 생각보다 그리 많이 싸운 것은 아니다. 나머지는 훈련이었다. 검투사들의 이름이 새겨진 비문엔 검투경기 도중 몇 명을 해치운 뒤 몇 번째에 마침내 눈을 감게 됐다는 내용을 새겨 넣었다. 승리를 계속하는 검투사들은 큰 인기도 누렸다. 여성들한테 절대적인 인기여서 염문이 끊이지 않았다. 바람난 귀부인들은 근육질 검투사 애인과 밀애를 즐겼다. 만나지 못해 안달이었다.

▲파우스티나 – 검투사를 침실로 끌어들였다는 마르쿠스 아우렐리우스의 황후 파우스티나. 루브르 박물관.

　황제 코모두스의 어머니 파우스티나는 남편 마르쿠스 아우렐리우스가 멀리 게르만족과 전쟁을 위해 원정 갈 경우 긴긴 밤을 보내기가 적적해 힘께나 쓰는 검투사를 침실로 끌어들였고, 그 결과 코모두스가 태어났다는 소문이 날 정도였다. 검투경기를 최소로 줄였던 아버지와 달리 아들 코모두스가 광적으로 검투경기에 열광했던 점을 보면 소문이 진실인 것 같기도 하고… 코모두스는 자신을 헤라클레스라고 여겼다. 그래서, 헤라클레스 복장을 즐겼고, 검투경기에 검투사로 직접 나섰다.

　요즘도 스타들의 바람기는 호사가들의 입방아에 오르며 대중들의 주요 관심사다. 특히, 연회나 선술집 술자리에서 입으로 남 헐뜯기는 동서고금의 공통된 인간

취미인듯 싶다. 검투사들의 연애담은 그의 검투 실력 못
지 않게 비중 있는 인기비결이었다. 언제 칼에 맞아 죽을
지 몰랐지만, 죽기 일보직전에 살아날 경우 정반대의 달
콤함도 기다리고 있었던 셈이다.

2)원형 경기장

예외는 있지만, 쉽게 극장은 반원형, 원형경기장
은 타원형이다. 초보단계의 원형경기장이 로마에 등장한
것은 B.C 2c 말이고, 이후 B.C 53년 그리고, B.C 46년 카
이사르 때 제대로 된 원형경기장이 들어섰다. 거대한 콜
로세움이 A.D 80년 티투스 황제 때 완공되면서 원형경기
장 문화는 절정에 달했다. 콜로세움이 서있는 자리는 원
래 네로황제 개인저택의 연못이었다. 네로가 뱃놀이를
즐기던 장소다. 네로 다음에 즉위한 베시파시아누스 황
제가 네로의 기억을 지우기 위해 연못의 물을 뺀 뒤 콜로
세움을 세웠다. 콜로
세움의 높이는 48m다.
1, 2, 3층의 관람석에 4
층은 장식용 벽기둥으
로 둘렀다. 경기장의
둘레는 527m나 된다.
타원형으로 긴 쪽 너
비는 무려 188m, 짧은
쪽은 156m의 초대형
이다. 로마의 모든 원

▲콜로세움-원형경기
장의 대명사인 콜로세
움의 장엄한 모습이다.

형경기장 가운데 최대규모다. 5만여 명의 관람객이 입장
할 수 있었다. 상점도 가득했고, 지하에는 검투사학교로

가는 통로가 뚫렸다. 콜로세움에 천막을
칠 때는 무려 100명의 인력이 동원됐
다. 2002년 월드컵 때 한국과 일본이
떠들썩했다. 각 시도별로 경기장
하나씩 지어놓고 대단한 업적이라
고 요란을 떨었다. 대개 경기장
의 관중수용 규모는 4만5천명에
서 5만 명이다. 2천년 전 로마인들
이 지어놓은 것보다 작거나 비슷한
것 만들어놓고 세계 최고의 아름다움
이니 하면서 호들갑피운 언론들 보면
왠지 안쓰러워 보인다. 공해 탓인가! 콜로세

▲콜로세움-거대한 콜로
세움이 탐방객들의 작은
모습과 대조돼 더욱 드러
나 보인다.

움은 밖에서 보는 외부의 색깔이 검게 변해 있다. 내부는
만신창이로 원래 모습을 잃었다. 요새, 주거용도로 변형
된 탓이다.

　　　지중해 연안 전체를 통해 보존상태가 가장 완벽
한 원형경기장은 프랑스 님므에 있다. 콜로세움보다 10
년 늦은 90년 완공된 님므 원형경기장은 긴 쪽 너비

◀아를르 원형경
기장-프랑스 아
를르에 있는 원
형경기장. 콜로
세움보다 작은 2
층 구조지만 거
의 완벽한 형태
로 남아있다.

▲님므 원형경기장 내부−원형경기장은 타원형이다. 안으로 들어가 경기가 벌어지는 운동장을 보면 쉽게 확인할 수 있다. 님므경기장의 내부는 콜로세움과 달리 모래밭 그대로다.

133m, 짧은 쪽 너비 101m다. 순수한 경기장의 타원규모는 지름이 최고 68m, 최저 38m다. 관중석은 돌계단으로 2층이다. 바닥에서부터 2층 꼭대기까지 34열인 관중석 계단은 경기장바닥과 담(Podium)으로 구분돼 있다. 담 위로 관중석을 만들었는데 짐승이 경기도중 관중석으로 뛰어드는 것을 막기 위해서다. 2만4천명의 관중을 수용했다. 2천년 전 프랑스땅에 살던 사람들은 88 서울올림픽 때까지 대한민국에서 가장 크던 동대문운동장 크기의 원형경기장에서 각종 경기를 즐긴 셈이다.

근처 아를르 원형 경기장 역시 보존상태가 훌륭하다. 경기장은 136m와 107m로 님므보다 약간 크다. 2층 구조에 60개의 아치로 만들었다. A.D 2세기초 건축했는데 관중은 평균 2만5천명을 수용할 수 있다. 참고로 프랑스의 원형경기장에선 요즘도 로마시대 검투경기 가운데 투우만 이어받아 경기를 벌인다. 별별 동물이 다 등장

▲타라고나-스페인의 바르셀로나 근교 지중해변 타라고
나에는 아름다운 바닷가를 배경으로 원형경기장이 들어
서 있다.

▲렙티스 마그나- 리비아 렙티스마그나 원형경기장도
아름다운 바닷가를 배경으로 웅장한 규모를 자랑한다.

▲메리다-스페인 메리다에 남아있는 원형경기장.

▲엘젬-튀니지 엘젬 원형경기장은 콜로세움에 이어 2
번째로 크다. 거대한 관중석과 지하 짐승 우리를 잘 들
여다 볼 수 있다.

했던 로마의 경기에 비하면 많이 순화된
모습이다. 프랑스 출신의 작곡가 비제가 오페라 카르멘
에서 '투우사의 노래'를 만든 것은 우연이 아니다.

　　튀니지 엘젬 경기장은 현존하는 원형경기장 가
운데 2번째로 크다. 기록상으로는 지금 남아있지 않은
카르타고의 원형경기장에 이어 3번째다. 콜로세움과 같
은 4층 구조로, 긴 쪽 지름은 148m, 짧은 쪽 지름은 122m
다. 엘젬의 원형경기장은 평야지대에 홀로 우뚝 솟아 더욱 장엄한 느낌을 준다. 특히 경기장 바닥에 짐승우리가 잘 남아있다. 이곳 외에도 지중해 주변 로마도시들엔 어김없이 원형경기장이 남아있다. 비록 보존상태가 훌륭하지는 않아도 로마생활에서 검투경기가 차지했던 비중을 보여주는 대목이다.

　　　　로마 말기로 가면서 원형경기장은 서서히 문여는 날보다 문닫는 말이 많아졌다. 기독교 시대가 온 것이다. 기독교를 공인한 콘스탄티누스 황제는 동로마의 검투경기를 중단시켰다. 그러나, 워낙 인기 있는 경기여서 자칫 민중들의 반발을 살까 두려워 서로마에는 중지명령을 내리지 못했다. 438년에 가서야 서로마 제국에서도 가까스로 검투경기를 중단할 수 있었다. 그러나 이후에도 일부는 살아있었고, 최후로 검투경기를 벌인 기록은 523년이다. 검투경기가 전면 중단된 중세 원형경기장은 훌륭한 석재 공급처로 둔갑했다. 중세 때 지은 숱한 교회나 건물은 새로운 석재를 구하기보다는 기존에 있던 로마건물 뜯어서 짓는 게 힘이 덜 들었다. 원형경기장은 또, 주거용이나 전쟁시 요새로도 쓰임새가 컸다.

　　　　로마에선 검투경기 외에 모의해전(模擬海戰)도 큰 인기였다. 바다를 통해 세계를 제패했던 로마. 해전을 스포츠 경기로 즐겼다. 그러나, 말이 모의해전이지 실제 전함을 사용했기 때문에 목숨을 잃는 경우도 있었다. 모의 해전 장소는 커다랗게 판 연못이다. 또, 검투경기가 없을 때 원형경기장에 물을 채우고 치렀다는 기록도 보인다. 콜로세움에서도 해전을 벌였다는 기록이 있는데, 신빙성이 떨어진다는 의견도 많다.

15. 벤허의 전차 경기장 히포드롬
-- 로마사회 최대의 군중을 모았던 도박 경주

1)전차경기

　　로마인들이 꼭, 잔인한 경기에 몰두한 것만은 아니다. 기껏 수만 명 몰리는 원형경기장 말고 수십만 명의 관중이 모여, 그리 잔인하지 않은 방법으로 즐기던 오락도 있었다. 전차경기다. 전차는 말이 끄는 전투용 마차다. 이집트의 벽화부터 전차는 등장한다. 고대국가에서 전쟁의 필수적인 장비였다. 아주 오래된 문명의 벗이다. 전쟁에서 얼마나 빠르고 안전하게 전차를 다루는가에 승패가 달려있다고 해도 과언이 아니었다. 따라서, 숱한 전쟁을 치렀던 고대사회에서 평소 전차훈련이 강조됐음을 짐작할 수 있다. 전쟁과 큰 관계가 없어 보이는 요즘의 카레이스와 시스템이 비슷하면서도 다른 측면이다.

　　로마사회에 처음 전

▲키르쿠스 막시무스-로마(Rome)에 남아 있다. 최대규모의 전차경기장이었다.

▲제라쉬 전차경기장- 관중석등 전체 윤곽을 비교적 잘 보여준다.

차경기가 소개된 것은 B.C 6c로 검투경기나 연극보다 앞
선다. 또 로마(Rome)에 전차경기장(히포드롬
Hipodrome, 혹은 키르쿠스 Circus) 키르쿠스 막시무스가
들어선 것은 B.C 5c다. 팔라티노 언덕과 반대편 아벤티
노 언덕 사이 계곡에 건설했다. 아주 오랫동안 경기장의
관중석과 출발문은 나무로 만든 원시적인 것이었다. 1c
로마 4대황제 클라우디우스 시절 대리석으로 전면 재건
축했다. 이어, 2c 하드리아누스 황제가 이를 대형 건축물
로 새롭게 탄생시켰다. 길이는 무려 600m, 너비는 100m
다. 관중석은 3개층의 아치로 튼튼하게 쌓았고, 표면은
흰 대리석으로 장식해 화려함을 더했다. 수용할 수 있는
관중은 25만명에서 38만 명이라는 설도 있다. 그 규모를
짐작하는 것은 불가능하다. 본 적이 없기 때문이다. 지금
전세계에 있는 어떤 스포츠나 공연시설도 이렇게 크지는
않다. 브라질 상파울루에 있는 축구장이나 멕시코 시티

축구장이 20만여 명을 수용할 수 있을 뿐이다. 키르쿠스 막시무스는 지금 타원형의 긴 윤곽만 남았다. 모든 시설물은 사라졌고, 잔디밭 구석으로 일부 관중석 기초만이 썰렁하게 옛영화를 전해준다. 로마(Rome)에는 이를 포함해 모두 5개의 전차경기장이 있었다. 전차경기장의 경우 규모가 규모이니만큼 속주의 수도 같은 주요 도시에만 만들었다.

▲렙티스마그나─ 말발굽소리가 파도소리와 어울러지던 최고의 전차경기장이었음에 틀림없다.

▲▲레바논의 티레─ 원형이 그런대로 잘 남아있다. 가운데 부러진 오벨리스크의 잔해도 보인다.

지중해 연안 로마 문명권 곳곳에서 흔적만 남은 전차경기장들을 목격할수 있다. 레바논의 고대 페니키아 도시 티레와 요르단의 제라쉬에 남아있는 전차경기장은 그중 보존상태가 좋아 전성기의 모습을 짐작할 수 있도록 해준다.

흥미로운 점 하나. 로마황제들은 권위를 높이기 위해 이집트에서 오벨리스크를 가져다 전차경기장에 세워놓았다. 옥타비아누스 황제는 이집트에서 람세스 2세 오벨리스크(지금은 포폴로 광장에 있음)를, 콘스탄티우스 2세도 357년 이집트에서 투트모스 3세 오벨리스크(지금은 라테라노의 산 지오반니 광장에 있음)를 가져다 키르쿠스 막시무스에 세웠다. 콘스탄티우스 2세는 이때 2개를 가져와 하나는 로마(Rome)에 다른 하나는 콘스탄

▲콘스탄티노플-성 소피아 성당 맞은편이 전차경기장 부지다. 가운데 오벨리스크만은 그대로 서있다. 그리스 델피에서 가져온 청동 뱀상 뒤로 오벨리스크가 우뚝 솟아 있다.

티노플 전차경기장에 설치했다. 투트모스 3세 오벨리스크는 B.C 1490년 이집트의 투트모스 3세가 룩소르 카르나크 신전 앞에 메소포타미아 국가와의 전쟁승리를 기념해 만든 것이다. 2c 말 셉티무스 세베루스 황제때 만든 콘스탄티노플 전차경기장의 오벨리스크 높이는 25.6m다.

추억의 명화 '벤허'(Ben Hur). 최근 알츠하이머병에 걸려 더 추해지기 전에 고별한다면서 TV를 통해 작별을 알린 찰턴 헤스턴이 주연했던 영화다. 서부영화의 거장이라는 윌리엄 와일러가 만든 벤허는 전차경기장과 전차경기의 모든 것을 보여주고 있다. 원형경기장과 달리 전차경기장은 전세계 어디에도 원형이 보존된 곳이 없어 전문가가 아닌 일반인들이 실체를 들여다보기 쉽지 않다. 영화 '벤허'는 이를 잘 복원해 놨다. '벤허'는 1880년 루이스 윌리스가 쓴 소설이다. 1889년엔 연극으로 1907년, 1925년에 영화로 만들었고, 우리에겐 1959년의 영화 '벤허'가 가장 유명하다.

2)전차경기

전차의 종류는 3가지. 2두전차 비가(Bigae), 3두전차 트리가(Trigae), 4두전차 콰드리가(Quadrigae)다. 보통 4두전차 경기가 대유행이었다. 경기장에선 최대 12

대의 전차가 동시에 달릴 수 있었다. 경기를 주선한 집정관이나 황제가 흰수건을 던져 출발을 알렸다. 동시에 전차는 시계 반대방향으로 달렸다. 경기장 한가운데는 길이 344m의 중앙 분리대를 설치했다. 분리대 위에는 각종 동상과 조각이 올라앉아 위엄과 화려함을 더했다. 또, 7개의 달걀모양 돌과 7개의 돌로 만든 돌고래를 올려놨다. 7바퀴를 도는데 마차가 한바퀴 돌 때마다 돌고래가 움직였다. 중앙 분리대는 역할이 하나 더 있었다. 관중석. 타원형의 경기장에서 관중들은 어느 한쪽 스탠드에 앉을 경우 분리대 반대편을 달리는 전차를 볼 수 없다. 따라서, 분리대 위에 올라가 이쪽저쪽으로 옮겨 가며 달리는 전차를 보고 응원했다. 전차경기장의 이런 풍경은 곳곳에 남아있는 당시 모자이크를 통해서도 잘 확인할 수 있다.

전차경기에는 아무나 참여한 게 아니다. 전문적으로 훈련받고 전차를 모는 기수들이 있었다. 기수들은 특정팀 소속이다. 옥타비아누스 황제이후 제국이 멸망할 때까지 로마(Rome)에는 4개팀이 존재했다. 각 팀은 고유의 색을 가졌다. 요즘도 한국 축구팀은 붉은색, 이탈리아는 하늘색, 영국은 흰색, 프랑스는 푸른색 등 고유의 색으로 나라를 대표한다. 로마 이후 내려오는 전통이다. 로마(Rome)에서 전차경기를 벌인 국영 4개 팀 은 흰색 알바타 (Albata), 붉은색 루사타 (Russata), 푸른색 베네

▲전차경기장-튀니지 바르도 박물관.

▲전차 장면 – 시칠리아 피아짜아르메리나에 남아있는 로마시대 전차경기장면 모자이크다.

타(Veneta), 녹색 프라시나(Prassina)팀으로 나뉘었다. 각 팀은 때론 정치색을 띠기도 했는데, 녹색은 서민, 푸른색은 귀족의 상징이었다.

황제나 집정관, 총독 등이 취임축하로 내놓는 돈을 받고 전차경기를 벌였다. 방송 중계권료 받고 축구하는 월드컵 경기와 비슷하다. 관중들이 전차경기에 열광할 수 있었던 이유는 박진감 넘치는 경주 외에 한가지가 더 있었다. 도박이다. 무료로 입장하는 관중들은 입장 전 마차와 말의 상태 등을 점검하며 돈을 걸었다. 예나 지금이나 똑같다. 요즘도 경마경기가 열리는 과천 경기장에 가보면 관중들의 관심은 마권을 사서 돈버는 일에 있음을 확인한다. 구경꾼들에게 스포츠와 도박은 백지 한 장 차이다. 물론 대부분 털리지만…

기수는 말을 관리하는 마부들의 도움을 받았다. 마부는 요즘 카레이스의 정비사에 해당한다. 황제이자 너무 많은 직업을 갖고 있던 예술가 네로가 맡았던 역할은 바로 마부였다. 전차경기 역시 원형경기장의 검투경기 만큼이나 끔찍한 일이 종종 생겼다. 전차끼리 충돌하거나 전차가 뒤집어져 기수가 나뒹구는 경우인데, 달리는 전차들이 그냥 밟고 지나갔다. 결과는 뻔했다. '벤허'에서 로마 호민관 메살라(벤허의 어릴적 친구)가 그랬다. 전차기수들은 최고의 인기스타였다.

자주 우승하는 유력한 전차기수들은 우상으로 취급받았다. 검투사들이 죽음을 다투는 막나가는 인생부류들의 경기였다면 전차경기는 스타 플레이어들의 화려한 경연장이었다. 10-30

▲나팔수와 오벨리스크 – 경기장내 나팔수와 높이 솟은 오벨리스크의 모습이다. 피아짜아르메리나 모자이크.

▲▲전차 기수 – 튀니지 터보마쥐스 유적지에서 발굴된 모자이크다.

만 명의 관중을 한번에 동원할 수 있는 전차경기는 지중해 전역에 퍼진 로마사회의 최대 이벤트였다.

영화 '벤허'의 무대는 로마제국의 속주이던 오늘날 팔레스타인땅 유대다. 유대는 요즘도 먼지 나는 사막이 대부분으로 당시 로마 정치인들에게는 별 인기가 없던 부임지였다. 이들이 선호한 곳은 학문의 고향이자 아름다운 바다, 온화한 기후, 클레오파트라의 추억이 어린

▲승리한 전차 기수-튀니지 바르도 박물관의 모자이크다.

알렉산드리아(이집트)였다. 아무튼 벤허의 전차 경기는 좀 성격이 달랐다. 유대총독이던 폰티우스 필라투스(본디오 빌라도; 예수 처형 당시 총독)가 전차대회 개회를 선언하는 장면에서 보듯 벤허의 전차경기는 전문 프로팀간 경기가 아니라 동방에 몰려있던 로마 속주 9군데를 대표하는 팀들의 경기였다. 요즘의 지역연고 프로팀간 경기였던 셈이다. 유대인 벤허는 물론 유대를 대표했다.

영화 '벤허'에서는 짚고 넘어갈 대목이 하나 있다. 명장 윌리엄 와일러 감독이라고 하지만, 실수를 범했다. 9팀이 참가한 경기에서 메살라의 칼날 달린 바퀴 축에 하나둘 전차가 쓰러져 나갔다. 5대가 그렇게 당했다. 이제 남은 전차는 4대다. 그런데 경기장을 달리는 전차는 4대가 아닌 여전히 5대다. 웅장한 전차 경주 장면을 쓰려다 편집 과정에서 벌어진 실수인 것 같다.

16. 올림픽의 영광 스타디움
-- 체육경기로 월계관을 쓴 올림픽 경기

1)스타디움

히포드롬의 전차경기는 오늘날 자동차 경주장의 카레이스로 현실에 맞게 고쳐 이어진다. 원형경기장의 검투경기는 인간대 짐승의 경기로는 투우, 인간대 인간의 경기로는 펜싱이나 검도로 변형돼 남아있다. 그러나, 2천년전이나 지금이나 전혀 변하지 않은 게 있다. 바로 올림픽 경기다. 그리스에서 시작해 로마에도 계승됐던 올림픽. 기독교 중세사회에서 자취를 감추었다, 1896년 다시 시작된 올림픽 경기는 2천년의 세월을 넘어 차이가 없다.

올림픽의 기원은 그리스인들이 신을 기리는 경축 제전(祭典)이다. 신에게 제사를 올리고, 시를 읊고, 키타라를 연주하며 노래하고, 연극을 공연하고, 체육경기를 벌였다. 제전은 여러 곳에서 펼쳐졌다. 이 가운데 특히 도시국가 올림피아의 제전이 유명했다. 올림피아의 이름을 따서 후에 올림픽이라는 말이 생겨났다.

올림피아의 경기는 B.C 776년 그러니까 로마가

◀올림피아 스타디움-고대 올림픽의 발상지인 그리스 올림피아의 스타디움이다. 언덕 비탈을 관중석으로 활용했다.

◀터키 아프로디시아스 스타디움-지구상에 남아있는 고대 스타디움 가운데 가장 크고, 완벽하다.

◀아테네 올림픽 스타디움-1896년 현대 올림픽을 다시 시작하면서 1회 대회를 치렀던 아테네 스타디움이다. 타원형 경기장과 돌로 만든 관중석. 아프로디시아스 고대 스타디움과 기본구조에서 어떤 차이점도 발견할 수 없다.

생겨나기도 전에 시작돼 A.D 393년 테오도시우스 황제가 중단할 때까지 천 2백년 가까이 지속됐다. 매 4년마다 한번도 거르지 않고 293회나 열렸다. 테오도시우스 황제가 올

▲델피 스타디움-깎아 지르듯 솟아오른 파르나소스산을 배경으로 한 델피 스타디움은 찾는 이의 탄성을 절로 자아 낸다.

림픽을 중지한 이유는 간단하다. 올림픽은 고대 그리스 로마신들에 대한 경배의 제전이다. 테오도시우스는 기독교를 국교로 삼았다. 기독교는 예수님이나 하느님 이외의 신을 부정한다. 나머지는 이교신으로 모두 배척대상이었다. 그리스 로마신들에 대한 제전인 올림픽은 당연히 중지될 수밖에 없었다.

올림피아 제전 기간동안 각 도시국가가 모든 적대행위를 그쳤다. 공동으로 모시는 신에 대한 경건한 경배의 마음을 전한 뒤 다시 전쟁을 치르는 식이었다. 그리스인들의 구심점 역할을 톡톡히 수행했다.

올림피아에는 고대 올림픽이 열리던 스타디움(Stadium)이 그대로 보존돼 있다. 올림피아 스타디움은 극장처럼 관중석을 언덕배기 산비탈에 만들었다. 다시 말해 양쪽의 자연적인 산비탈을 관중석으로 삼고 그 아래 계곡의 평평한 부분을 경기장으로 쓴 것이다. 바닥엔 돌로 만든 육상 출발선이 원형대로 남았다. 이곳말고도 각지에 스타디움이 생겨났다. 4년마다 열린 올림픽은 아니지만 각종 체육경기를 도시차원에서 개최했기 때문이다.

▲팔라티노 스타디움-황제가 사용하던 스타
디움이다. 로마(Rome).

스타디움도 극장과 비슷한 발전과정을 밟았다. 차츰 자연경사면에서 벗어나 산비탈에 돌계단을 설치했다. 로마시대에는 언덕에 의존하지 않고 평지에 아치와 기둥을 받쳐 관중석을 세웠다. 아치 밑엔 상점이 들어섰다. 서울 동대문운동장을 생각하면 똑같다. 경기장을 빙 둘러 관중석 밑으로 스포츠용품 등을 파는 상점이다.

올림피아 이외의 스타디움 가운데 가장 인상적인 자태를 뽐내는 곳은 고대 그리스인들이 신성시해 신탁장소로 활용했던 델피(델포이)다. 파르나소스산을 배경으로 그림보다 아름다운 절경 속에 스타디움이 들어앉았다. 태고의 적막함 속에 산새들만 지저귀는 올림픽 경기장에 서면 그리스 로마시대 한 선수가 된 기분이다. 돌계단 관중석에선 열렬한 환호성이 울려 퍼지는 것 같다.

가장 완벽한 형태의 고대 스타디움은 터키땅 아프로디시아스에 남아있다. 길이 262m, 너비 59m. 3만 명의 관중을 수용했던 관중석은 원형 그대로다. 경이롭다는 표현 외에 수식이 불필요하다. 터키의 아스펜도스에 남은 스타디움도 거의 원형 대로다. 관중석 자체는 아프로디시아스에 못 미치지만 경기장을 떠받치고 있는 건물의 기초와 아치의 상점 등은 아프로디시아스보다 보존상태가 양호하다. 1896년 현대 올림픽이 출범하면서 그리스 아테네에 건축한 올림픽 스타디움은 바닥이 맨땅이고 관중석은 계단식 대리석이다. 고대 올림픽 경기장과 같다. 인간의 삶이 2천여 년 이상 그대로 이어져 내려왔음을 확인시켜준다.

2)스포츠 경기

올림픽 경기 종목을 살펴보자. 체육의 기본은 달리기다. 달리기는 가장 오래된 경기였다. 인간이 직립동물에서 다른 형태의 동물로 변하기 전까지는 바뀌지 않고 지속돼, 인간을 흥분시킬 것이다. 직선 단거리와 중거리, 장거리로 나뉘었지만 육상의 꽃인 마라톤은 없었다. 이후 창던지기와 원반던지기 등이 추가됐다. 지금은 전 세계적으로 열기가 많이 시들었지만 권투도 인기였다. 헝겊을 손에 감고 상대가 쓰러질 때까지 싸웠으니, 오직 KO만이 기다릴 뿐이었다. 한때 권투는 헝그리 정신을 대변한다면서 참 많은 사람을 흥분시켰다. MBC에서 울려 퍼지던 특유의 시그널 뮤직이 나가고. 이어서, 가슴 찡한 애국가. 아! 곧이어 터지던 유제두, 홍수환, 김상현, 염동균, 박찬희의 한방. 우리사회 청량제였는데… 70년대를 풍미했던 권투경기가 다시 흰옷 입은 사람들을 열광시킬 수 있기를 기대하기는 어려워 보인다.

레슬링도 마찬가지다. 손기정 할아버지에 이어 한국인 처음으로 금메달을 따내 많은 사람의 입에 오르내렸던 양정모선수의 1976년 낭보가 떠오른다. 박치기왕 김일. 엄살인지 진실인지 링 바닥에 나뒹구는 일본선수의 가엾은 모습에서 약자의 설움을 참 많이도 달렸는데…

우승한 선수들은 올리브가지로 만든 월계관을 썼다. 큰 명예였다. 지금은 돈방석에 앉거나 돈벼락을 맞는

▲달리기-도자기에 그려진 달리기 장면이다. 교황청 박물관.
▲▲레슬링 프레스코-프랑스 비엔느에 있는 프레스코다.
▲▲▲권투 프레스코-딜로스 박물관.

다. 월드컵도 그렇고. 월드컵에 4강까지 올라간 한국 축구대표팀 감독 히딩크는 대표적인 예다. 서너개 회사에서 광고료만 50억 원을 1년 반 계약으로 챙기다니. 스포츠로 명예를 운운하던 국가는 역사상 몇 안 된다. 1934년 월드컵을 개최한 파시즘 무솔리니와 1936년 올림픽을 개최한 나찌즘 히틀러. 1978년 월드컵때 아르헨티나 군사독재정권. 고대 올림픽도 이런 문제는 있었다. 시민의 명예 차원에 머물던 경기가 점차 각 도시 국가나 출신지별 명예와 결부시켜 지나친 승부욕으로 변질돼 간 것이다.

로마가 정복한 뒤로 올림픽은 그리스권을 넘어 로마제국 전체에서 참가하는 행사였다. 그러나 로마인들은 다른 모든 분야에서 그리스를 모방했음에도 체육경기만은 크게 반기지 않았다. 그리스 문화에 광적으로 빠져든 네로만이 올림픽을 숭상해 로마(Rome)에서도 올림픽을 열었다. 4년에 한번씩 열도록 했는데 2번 개최하고 제위에서 쫓겨나면서 폐지됐다.

네로가 가장 자신 있게 출전한 종목은 악기를 켜면서 자작시를 낭송하는 예술분야와 전차 경주였다. 우승자 네로의 동상은 올림피아 경기장에서 가장 크고 화려하게 빛났다. 전투에 참가한 적이 없는데도 네로는 개선식을 거행했다. 올림픽의 영광을 시민들에게 알려주는 개선식이다. 4마리 말이 끄는 마차를 타고 개선한 뒤 카피톨리나 언덕 쥬피터 신전에 제사했다. 이를 비웃는 시민들을 거꾸로 네로가 비웃었다. 예술을 사랑할 줄 모르는 무지한 자들이라고…

여성들이 벌인 경기는 없었다. 여성들은 구경하는 것조차 허용하지 않았다. 이상할 것 없다. 그리스는 남색이 유행했기 때문이다. 참고로 고대 올림픽에서 올림픽 성

▲권투–튀니지 바르도 박물관의 모자이크다. 헝겊을 감고 한 권투경기는 어느 한쪽이 손을 들어야 끝나는 KO제였다.

▲▲채화장소–현대 올림픽에서 채택한 성화채화장소다. 올림피아의 도리아 기둥이 서있는 신전 앞의 네모난 돌 제단이 채화장소다.

화는 없었다. 현대 올림픽에서 만든 것인데 올림픽 제전의 발상지인 올림피아의 신전 앞에서 햇빛을 받아 채화한다. 그 장소가 좀 거창했으면 좋을 것 같은데… 직접 보면 초라한 모습에 실망하기 십상이다. 아니, 어렵겠지만, 순수성을 살리려면 이런 초라한 장소에서 숭고한 정신을 떠올리는 게 옳을 수 있다.

17. 제우스와 아프로디테를 모신 신전

-- 그리스에서 배워온 다신교 로마신전의 숨결

1) 그리스 로마의 신

로마인들이 짐승과 싸우면서 피흘리거나, 스포츠로 나날을 보낸 것은 아니다. 경건한 종교생활도 있었다. 비록 풍속이 타락하면서 엄숙함은 사라졌지만, 종교는 로마인의 마음을 잡아줬다. 로마의 종교는 쥬피터(Jupiter)를 최고신으로 하는 다신교로 출발한 뒤 차츰 그리스의 영향을 받았다.

▶제우스-그리스 최고의 신이다. 바르도 박물관.

B.C 3c 한니발의 침략으로 곤경에 처했을 때는 그리스 델피로 신관을 보내 신탁을 받을 만큼 그리스 종교로 기울었다. 제우스(Jeus)를 중심으로 한 그리스신이 로마신의 역할을 맡았다. 제우스는 쥬피터, 헤라는 쥬노, 아테나는 미네르바식이다. 이들 3신을 모신 신전을 카피톨리나 언덕에 만들었다. 이후 이를 본따 '카피톨리움'이란 신전언덕이 제국내 여러 도시에 생겨났다.

로마사회에 가장 큰 영향을 준 그 리 스 신 은 올 림 포 스 (Olympos)산에 살던 12신이다. 그리스에서 가장 높은 2천 918m의 올림포스산. '올림포스' 라는 말에 특별히 의미부여를 할 필요는 없다. 그리스어로 '가장 높다' 는 뜻이다. 그리스인들은 이곳에 신이 산다고 믿었다.

▲포세이돈과 아프로디테 - 야성적인 이미지의 바다의 신 포세이돈과 미의 여신 아프로디테를 소재로 한 모자이크 작품이 많다. 교황청 박물관.

올림포스 12신은 누구인가? 제우스(쥬피터, 최고의 신), 헤라(쥬노, 제우스의 누나이자 처), 포세이돈(넵튠, 제우스의 형, 바다의 신), 아테나(미네르바, 제우스의 딸, 지혜의 여신). 아폴론(아폴로, 제우스의 아들, 태양의 신), 아르테미스(다이아나, 아폴론의 쌍둥이 동생, 달의 여신), 아프로디테(비너스, 미의 여신), 헤르메스(머큐리, 제우스의 아들, 신들의 심부름꾼), 아레스(마르스, 제우스의 아들,전쟁의 신), 헤파이스토스(벌칸, 제우스와 헤라의 아들, 아프로디테의 남편, 대장장이의 신), 데미테르(케레스, 제우스의 누나, 곡물의 여신, 제우스와 봄의 여신 페르세포네를 낳음), 헤스티아(베스타, 제우스 형제자매 가운데 장녀, 불의 여신으로 가장 숭배 받음). 헤스티아 대신에 디오니소스(바쿠스, 제우스의 아들, 포도주의 신)를 넣기도 한다. 이밖에 에로스(큐피드, 아프로디테와 아레스의 아들)도 널리 알려졌다.

그리스신은 인간과 구분되지 않는다. 인간의 모습에 인간과 같은 희로애락의 감정을 갖는다. 인간 위에 군림하지만, 인간과 뒤섞여 인간처럼 산다. 인간과 신의 세계를 마음대로 오갔다. 특별히, 경건할 것도 없다. 전지전능한 신은 죽지 않는 존재였지만, 범속했다. 특히 왜 그리 연애사건을 많이 일으키는지. 만인이 신을 떠받들었지만, 신은 만인의 테두리 안에 있었다. 절대자이면서도 나약한 피조물의 한계를 동시에 지녔다. 로마인들은 예식 자체에는 큰 공을 들였지만, 그뿐이었다.

로마는 그리스와 다른 2가지 특성을 가졌다. 첫째 각 신들이 한가지씩의 특성이나 기능을 갖는 점. 그리스에서도 그랬지만 로마에서는 수십만이나 되는 많은 신들이 모두 나름대로 영역이 특화돼 있었다. 둘째, 그리스의 신들이 보여주는 연애사건 같은 난잡스러움이 적었다. 엄격하면서 좀더 이성적인 존재였다. 아무튼 그리스 로마종교 최대의 특징은 신이나 종교란 개념에 절대선 다시 말해 진리나 가르침이 들어있지 않다는 점이다. 교리를 놓고 벌어지는 지긋지긋한 이념투쟁은 물론 다른 종교에 대한 독선과 아집도 없었던 이유다.

▶아테나－지혜와 순결의 여신인 탓에 무척 점잖다. 루브르 박물관.

따라서 이민족의 종교나 철학을 하나의 문물로 받아들이며 초지일관 열린 자세였다. 브리타니아 켈트족의 인신 희생 풍속을 금지시킨 것 외에는 속주의 종교와 관습을 인정하고, 심지어 자기 것으로 만들었다. 문명의 요람인 오리엔트와 이집트의 신도 예외는 아니었다. 이집트의 여신 이시스는 로마지배아래 지중해 전역에서 숭배대상이었다. 그녀의 남편인 지하세계의 왕 오

▲베스탈 버진 동상- 베스타신전을 지키는 베스탈 버진들이 30년간 동정을 지키며 살아야하는 숙소다. 베스타신전 옆에 붙어있다. 베스탈 버진의 동상이 죽 늘어서 있다.

시리스와 아들 호루스도 마찬가지다. 이집트 의술의 신 세라피스, 숙적관계이던 페르시아 조로아스터교의 미트라스도 들어왔다. 조로아스터교는 광명을 떠받들고, 어둠을 멀리한다. 미트라스는 기존의 악을 몰아내고 새로운 희망의 광명세상을 열어주는 신으로 추앙받았다.

유대에서 생겨나 로마 전체로 퍼진 기독교도 로마가 받아들여 로마에서 자란 종교다. 기독교에 대한 박해는 250년 데키우스 황제이후 절정에 이르렀지만, 마침내 313년 공인 받았다. 기독교의 건전한 삶의 방식으로 무너져가던 제국을 붙들어 보고자 했던 시도다. 결국 기독교는 남고 로마는 사라졌지만…

로마종교에서는 수많은 신 모두를 개별적으로 담당하는 신관(사제)이 있었다. 플라멘(Flamen)이라고 불렀다. 쉽게 불의 여신 베스타(헤스티아)를 기리는 신관은 베스탈(Vestal, 혹은 베스탈 버진 Vestal Virgin)이란 여성이다. 베스타 신전에 살면서 불이 꺼지지 않도록 지켰다. 일종의 플라멘이다. 신관 위에는 의식을 집전하는 대신관이 자리한다. 폰티펙스(Pontifex, Pontiff)란 이름을 가졌다. 그리고, 모든 신관과 대신관을 총괄하는 실질적이고도 형식적인 최고의 로마종교 수장은 폰티펙스 막시무스(Pontifex Maximus)라는 호칭으로 불렸다. 공화정 말기 카이사르는 폰티펙스 막시무스 역할을 맡았다. 이후 레피두스를 거쳐 옥타비아누스 이후에는 황제들이 맡는 전통으로 굳어졌다. 최고의 정치지도자가 최고의 종교지도자였던 셈이다.

다시 말해 정교일치 사회였다. 비잔틴(동로마)제국의 기독교가 그랬다. 교황이나 총주교가 황제의 신하 개념이었다. 천 5백년 뒤 영국의 헨리 8세가 이혼문제로 외쳤던 종교개혁, 국왕이 영국교회 책임자라는 수장론도 마찬가지다.

베스탈을 비롯한 플라멘은 폰티펙스 막시무스가 임명했다. 베스탈의 경우 출신성분이 좋은 집안의 7살에서 10살짜리 여자어린이 가운데 골랐다. 30년 간 베스타 신전에 살며 불꽃을 꺼트리지 않고 불씨를 살렸다. 결혼할 수 없고 탈선을 저질러서도 안됐다. 어기면 사형이었다. 이렇게 비인간적인 역할을 수행하고 나면 죽을 때까지 먹고살 연금이 나왔다. 나중에 기독교의 수녀와 비슷한데…

참고로, 꺼지지 않는 불을 지키는 전통은 페르시아의 조로아스터교에도 있었다. 조로아스터교의 본산인 이란 야즈드에 가면 지금도 꺼지지 않는 불이 천 5백 년째 타고 있다.

2) 그리스 로마신전의 양식

　　그리스에서 초기 신전이 처음 나타난 것은 B.C 8c경. 당시 신전은 지붕에 짚을 엮어 얹는 등 일반인들이 살던 집을 그대로 옮겨놓은 것이었다. B.C 7c 무거운 테라코타(구운 진흙) 타일을 지붕으로 썼다. 건물도 가로 14m, 세로 40m 정도로 커졌다. B.C 6c 그리스 신전사에 새로운 변화가 나타났다. 피라미드의 나라 이집트에서 배워온 석조건축의 등장이다. 이 덕분에 신전은 거대한 돌기둥을 사용해 더 크고, 더 높게 올라갔다. 석재 사용과 함께 건축양식도 들여왔다. 이집트 신전의 대접받침(기둥머리)은 파피루스 잎이나 연꽃잎(로터스)을 썼다. 그리스 코린트 양식은 아칸투스잎으로 꽃잎을 사용하는 전통을 이었다.

　　당시 이집트는 요즘의 미국과 유럽을 합쳐놓은 것 같은 문명의 보고였다. 지성인들

▲석조기둥 초석-터키의 그리스 로마도시 디디마에 남아있는 초대형 기둥초석.

▲석조기둥 초석-이집트의 고대도시 룩소르(테베)의 카르나크 신전을 이뤘던 초대형 기둥초석.

◀도리아식 - (Dorian Order) 그리스 본토 도리아인들이 쓰던 양식을 말한다. 기둥머리는 단순한 평석을 몇 개 겹친 모습이다. 아그리젠토.

◀이오니아식 - (Ionian Order) : 에게해 키클라스제도와 이오니아 지방(터키 서부해안)에서 유행한 양식이다. 기둥은 둥글고, 대리석을 사용해 날씬했다. 기둥머리가 달팽이 모양이다. 렙티스 마그나.

◀코린트식 - (Corinthian Order) : B.C 4c 이후 나타난 형식이다. 그리스 본토와 펠레폰네소스 반도를 잇는 고대 그리스 도시 코린트(Corinth)의 이름을 땄다. 코린트 양식의 기둥머리는 지중해 연안에 무성한 아칸투스(Acanthus)잎이다. 아테네의 카리마카스(Karimacas)가 처음 시도했는데 로마시대 널리 유행했다. 로마포럼.

◀이집트 신전 기둥 - 로터스(Lotus, 연꽃잎)를 채용한 B.C 15c 이집트 신전기둥이다. 아스완.

이 한번은 방문하고 싶어하던 동경의 대상이었다. 아테네의 정치인이자 개혁가인 솔론(Solon, B.C 640-B.C 560)은 이집트에서 엄청난 역사의 비밀과 지식을 간직하고 있던 신관을 만나 깊은 인상을 받는다. 우리 정치인이나 경영인도 이집트, 오리엔트로 역사여행 다녀오면 새로운 세계관을 경험할 수 있을 텐데…

3) 그리스 로마신전의 구조

신전 건물 앞에 제단이 있다. 그리스로마 신전은 건물 안에서 희생의식을 치르지 않았다. 밖에 있는 제단에서 소나 양을 잡아서 피볼 것 다 본 뒤 계단을 올라 신전 본건물로 들어갔다. 계단을 올라 본건물로 들어가는 사람은 신관이었다. 일반 참배객들은 건물 밖 제단주위

▲신전행사─로마 신전의 행사장면이다. 신전에서 어떤 일이 일어났는지 짐작할 수 있다. 프랑스 님므의 메종까레에 있는 행사장면 복원도.

에 머무를 뿐, 안으로 들어갈 수 없었다.

비슷해 보이지만 그리스 신전과 로마신전 사이엔 양식적인 차이가 있다. 우선, 그리스 신전은 주로 동향이었다. 로마는 방향에 의미를 두지 않아 동향이란 개념이 없었다. 둘째, 그리스 신전은 평지에 건축했다. 이와달리 로마식은 평지에 높다랗게 단을 쌓고 그 위에 건물을 세웠다. 셋째, 그리스식은 건물 전체에 빙 둘러 기둥을 세웠다. 따라서, 기둥과 본건물 사이에 주랑(柱廊, 4면 전체에 세워 일종의 회랑, 回廊)이 생겼다. 본건물 입구는 동쪽 정면에 있다해도 서너 개의 계단만 오르면 동서남북 사면 어디서나 주랑으로 오를 수 있다. 로마식은 이와 달리 기둥을 동쪽이든 남쪽이든 신전 정면에만 세웠다. 예외적으로 본건물 옆으로 기둥을 세운다해도 벽면에 붙여 벽의 한 부분으로 삼았다.

그리스나 로마식 모두 정면계단을 오르면 기둥을 지나 본건물과 마주친다. 본건물은 2종류다.

우선, 본건물 자체가 신의 동상을 봉안하는 신상실(神像室, Cella)인 경우다. 주로 작은 신전이 이런 구조인데 신상을 앉혀놓는 좌대가 안에 들어있다. 둘째, 본건물이 2-3개의 공간으로 나뉜 큰 신전이다. 맨 앞에 신관의 장소, 이어 신상실, 다음은 기부받은 재물을 보관하는 보물실이 들어섰다. 신상실엔 실내에 모셔져 있기에는 너무 커보이는 제우스나 아폴론 동상이 신상 좌대 위에 근엄한 표정으로 앉아 있었다. 보물실의 경우 신전 지하에 따로 만들기도 했다. 신전 뒤편이나 주위에 신전을 지키는 사제관을 설치하는 경우도 있었다.

그리스 로마시대에 비하면 요즘 종교는 많이 민주화됐다. 누구나 자신이 모시는 신의 성전인 교회, 절, 모스크 등에 마음대로 드나 들 수 있기 때문이다.

▲그리스식 신전- 그리스식 신전은 사방에서 몇
계단만 오르면 본건물에 닿았다. 아그리젠토.

▲로마식 신전-높게 단을 세우고 그 위에 본건
물을 올렸다. 프랑스 님므에 지은 메종꺄레다.

▲그리스식 신전 주랑-기둥과 신상실 벽
사이는 복도 같은 주랑이다. 셀리눈테.

▲대형 신상실-주랑 옆으로 벽이 허물어진 상태의 신상
실. 시칠리아 셀리눈테.

▲신상 앞 제단-리비아 시렌느.

▲소형 신상실 - 기둥 안쪽으로 소형 신
상실(神像室, Cella)이 보인다. 프랑스 비
엔느.

144

4) 각지의 그리스 로마신전

도리아 양식으로 아테네의 파르테논 신전을 떠올린다. 페르시아와 전쟁 승리 기념으로 페리클레스가 지시해 만들었다. B.C 447년 시작해 9년만인 B.C 438년 거대한 모습을 드러냈다. 도시에서 가장 높은 공간인 아크로폴리스에 만든 전형적인 그리스 신전의 모습이다. 주변에 다른 신전도 함께 건축해 일종의 신전 타운을 형성했다. 그러나 현존하는 가장 오래된 도리아 신전은 파르테논 신전 밑에 위치한 아테네 아고라의 헤파이스토스 신전이다. B.C 444년 완공됐다. 파르테논 신전보다 작지만, 더 완벽하게 도리아 양식을 전해준다.

아테네에서 버스로 2시간 거리에 있는 수니온 곶의 포세이돈 신전도 바닷가 거대한 절벽 위에 우뚝 솟은 도리아 신전이다. 아테네 앞바다 에기나섬의 아페아 신전과 코린토스의 아폴론 신전도 도리아 양식으로 인상깊다.

초기 도리아 양식의 신전은 B.C 7c부터 도리아인들이 개척했던 시칠리아 아그리젠토 신전계곡, 이탈리아 남부의 파에스툼, 리비아 시렌느 등에 파르테논에 버금가는 장엄한 모습으로 전설을 간직한 채 아름다움을 뽐낸다. 특히 이 지역들은 그리스보다 기후여건이 좋아 신전은 늘 아름다운 초원과 꽃밭 속에서 에덴 동산의 매혹적인 분위기를 자아낸다. 일찍 봄이 찾아오

▲파르테논 신전 —도리아식. B.C 438년 완공했다.

는 시칠리아 아그리젠
토에서 석양 무렵 붉은
노을과 아몬드 꽃향기
에 휩싸인 도리아 신전
이 탐방객의 정신을 쏙
빼던 기억이 새롭다. 여
름철에도 방문해 보았
는데 정경이 이른봄만
못하다.

▲파에스툼 신전－
이탈리아 파에스
툼에도 도리아 신
전들이 원형대로
남았다.

　　　　이오니아식으로
는 그리스에 신전이 드물다. 북부 마케도니아 지역의 펠
라에 남은 이오니아 기둥 몇 점과 에게해 섬들에 조금씩
남은 폐허뿐이다. 이오니아 양식의 신전은 말 그대로 이
오니아 지방인 터키 서부해안에 집중해 있다.
터키의 디디마, 아프로디시아스, 프리에네
신전은 장엄함과 아름다움이 함께 한다.
로마(Rome) 티베레 강가의 포르투누
스 신전은 규모가 작지만 원형을 잘

▲디디마 신전－터키 디디마에 있는 아폴로 신전. 이오니아식 신
전이다.

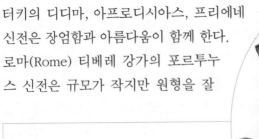

▲스베이틀라 신
전－북아프리카
뷔니지 스베이틀
라에 있는 코린트
신전이다.

146

유지하고 있는 이오니아 양식의 신전이다. 코린트 양식의 화려한 신전은 아테네의 제우스 신전, 레바논의 발벡, 프랑스의 님므, 아프리카 튀니지 등 지중해 유역 곳곳에서 압도적인 위용을 자랑한다.

로마에서 화려함을 뽐내던 신전은 로마가 기독교 제국으로 자리잡으면서 설자리를 잃었다. 콘스탄티누스 황제가 313년 당시 수도 밀라노에서 기독교를 기존의 로마종교와 같은 종교로 인정한데 이어 391년 테오도시우스 황제는 기독교를 국교로 삼았다. 기독교도는 기존의 로마신들을 쫓아냈다.

로마신을 모시던 신전에는 파괴명령이 떨어졌다. 테오도시우스의 아들이자 서로마 황제이던 호노리우스가 407년 내린 호노리우스 포고령(Honorius decree)이다. 로마 각지에서 아름다움을 자랑하던 그리스, 로마신전들은 파괴의 망치질에 대부분 사라졌다. 종교의 관용정신을 들먹이기에는 당시 기독교인들의 신심이 너무 컸다.

476년 기독교를 떠받들었던 서로마제국은 망했지만 기독교는 더욱 커나갔다. 새로 들어온 게르만족들이 기독교를 로마로부터 이어받아 숭상한 탓이다. 그리스 로마신전 가운데 일부는 헐리지 않고 교회로 바뀌었는데, 로마(Rome) 판테온(Pantheon, 모든 로마신을 모시는 만신전, 萬神殿)과 하드리아누스 신전은 대표적이다.

판테온은 신전과 관련해 아주 독특한 건물이다. 중세

▲판테온— 모든 신을 모시는 만신전이다. 아그리파가 지은 뒤 허물어지자 2c 하드리아누스 황제가 재건했다.

로마네스크 (Romanesque)양식의 기원이 되는 궁륭형(穹隆型) 돔(Dome)지붕이 특징이다. 쉽게 말해 기둥 없이 천장을 둥글고 높게 만든 형태다. 완벽하게 로마시대 원형을 유지하고 있다. B.C 1c 말 아그리파가 건축한 뒤 허물어지자 2c 하드리아누스 황제가 재건했다.

▲하드리아누스 신전─신전파괴령 속에서도 교회건물로 개조돼 살아남았다.

5) 신의 역할과 스토아 철학

인간이 신전에 경의를 표할 때 신은 무슨 도움을 주었는가? 인간은 앞날을 알고 싶어한다. 전쟁이 어떻게 될지, 국가에 재난이 닥칠지, 길조가 될지, 흉조가… 해답은 신이 내리는 가장 큰 은총이었다. 신관은 신으로부터 해답을 얻는 역할을 맡았다. 알아내는 방법이 좀 그랬다. 점잖게 주역으로 풀어냈던 중국과 우리 선조들은 돋보인다. 중국에서 거북껍데기 태웠던 것 정도는 이해할 수 있겠는데… 신관들은 크게 2가지 방법을 썼다. 새가 나는 모습과 짐승의 내장. 새가 나는 모습으로 점치는 장면도 그렇다고 치자. 신전 앞에서 짐승을 죽여 신성한 피를 보여준 뒤 내장을 꺼내 이리저리 살펴 길흉을 점치는 대목

은… 신관들의 말씀 한마디는 국가대사를 결정하는 원로원의 행위나 기타 최고위 관리들

▲신전의식—신전 밖 제단에서 의식을 치르는 장면을 잘 볼 수 있다. 나폴리 박물관.

의 정책결정에 영향을 미쳤다. 참고로 짐승의 배를 갈라 길흉을 점치는 일은 메소포타미아에서 아주 오래 전부터 내려오는 전통이다. 종교라고 하는 것이 어디서 하나의 완성된 형태로 툭 튀어나오는 게 아니라는 것을 여러 경우에서 본다.

로마의 스토아 철학은 오늘날까지도 여러모로 생각할 바를 많이 제공한다. 실용적이고, 현실을 중시하는 기풍은 그리스에서 시작한 스토아 철학을 완성시켰다. 인생은 광대한 우주의 불꽃에서 한 방울 불씨가 튀어 생겨난 것. 초라하고 작다. 축복 받을 일도 저주받을 것도 없다. 영혼은 육체에 깃든 죄수다. 주어진 기간동안 육체란 감옥에서 갖은 고난과 삶의 고통을 버텨나가야 한다. 버거운 짐에 짓눌려 살아간다.

그러나 숙명에 흔들릴 필요는 없다. 시련 속에서 행복을 추구할 수 있는 존재가 인간이다. 강인함과 자기 만족으로. 그래서 누구나 현자가 될 수 있다. 인간평등. 인간은 서로 동정하고, 도와야 한다. 궁극적으로 인간은 우주의 일부다. 신성한 것은 인간 주변에 있고, 바로 인간이다. 다시 돌아보는 로마의 스토아 철학은 영혼에 참 달콤하다.

18. 장원 속 빌라와 도시저택 도무스

-- 최고의 안락함을 추구한 초대형 호화주택

1) 도무스

도심지에 자유시민들이 짓고 살았던 저택을 도무스(Domus)라고 부른다. 도무스의 기본설계 개념은 사생활 보호다. 외부와 격리시켜 사적인 공간을 확보하는데 설계의 주안점을 뒀다. 석재나 벽돌을 사용해 견고하게 사각형으로 건축한 뒤 옆집과는 건물 벽끼리 붙였다. 건물 한가운데 안뜰만 하늘로 열린 노천이었다. 햇빛과 빗물을 받아야 살수 있기 때문이다. 창문은 2층에 높고 작게 만들어 외부의 접근가능성을 줄였다. 가족구성원의 활동 공

▲오스티움-대문을 열면 베스티불룸과 짧고 좁은 복도 파우케가 나타난다. 에르콜라눔.

간은 안뜰을 중심으로 한 건물 내부다. 대문만 걸어 잠그면 외부와 차단돼 내부를 들여다 볼 수 없다. 이에 비해 우리 한옥은 담을 두른 뒤 마당에 집을 지은 구조다. 실내공간인 방에서 잠자고 밥만 먹었다. 활동공간의 대부분

▲개조심 - 대문 안쪽으로 개조심 하라는 개모자이크 경고가 눈길을 끈다. 폼페이.

을 차지하는 마루와 마당은 넓게 외부세계로 드러냈다. 방도 창살 한지문이 차단장치의 전부다. 안전이나 사생활을 고려한 구조가 아니다. 죄가 많은지 로마는 외부와 철저히 격리한 주택개념, 우리는 가진 게 없어서 그런지 하늘로 활짝 열어제친 설계였다.

주택구조를 자세히 들여다 보자.

①오스티움(Ostium)-주택입구 즉 현관부분을 말한다. 대문 입구인 베스티불룸(Vestibulum)과 이어지는 짧은 복도 파우케(Fauce)로 이뤄진다. 복도에는 큰 개를 모자이크로 새겨 도둑이나 낯선 사람에게 주의를 줬다. 대문은 나무나 돌로 만들었다.

② 타베르나(Tabernae)-대문 양옆으로 있는 상점이나 사무실이다. 가운데는 집으로 들어가는 현관이고, 양옆으로 점포인 건물구조다. 요즘 1층을 점포로 쓰는 주상복합주택을 연상하면 쉽다.

▲아트리움과 임플루비움-오스티움을 지나 나타나는 작은 안뜰 아트리움이다. 아트리움 한가운데 직사각형 빗물받이통이 임플루비움이다.

③아트리움(Atrium)-파우케를 지나 나타나는 작은 안뜰이다. 아트리움에는 정사각형의 빗물받이통인 임플루비움(Impluvium)이 우선 눈에 들어온다. 임플루비움은 지붕 없이 하늘로 통했다. 빗물을 받아쓰고, 햇빛도 통과시켜 집안을 밝게 하기 위해서다. 하늘로 열린 공간을 콤플루비움(Compluvium)이라고 불렀다. 임플루비움과 콤플루비움은 서로 마주보고 대응하는 구조다. 콤플루비움의 처마는 빗물이 흘러들 수 있도록 경사지게 만들었다.

▲임플루비움과 콤플루비움-임플루비움에 대응해 하늘로 열린 공간이 콤플루비움이다. 폼페이.

아트리움은 또 하나의 중요한 역할을 맡았다. 라라리움(Lararium) 즉, 조상을 모시는 공간이다. 조상의 흉상을 세워 기렸다. 조상에 대한 의식도 치렀다.

④타블리눔(Tablinum)-거실이다. 아트리움에서는 건물내 1, 2층의 거실과 각 방으로 통했다. 거실에서 주인은 손님도 만나고 자신의 일도 봤다.

⑤ 쿠 비 쿨 룸 (Cubiculum)- 침실이다. 로마주택의 침실은 요즘 개념으로 볼 때 집의 전체적인 규모에 비해서 무척 작았다. 이유는 첫째 실용적인 난방이다. 겨울에 우리처럼 춥지는 않지만 난방은 꼭 필요하다. 그런데 침실이 클 경우

▲아트리움 분수-에르콜라눔에 남은 아트리움의 분수다. 모자이크로 화려하게 장식했다.

152

난방효율이 떨어지고 그만큼 더 춥다. 그래서 침실을 아주 작게 만들었다. 두 번째 로마인의 생활양식이다. 거실 문화다. 로마시민이라면 남자들은 아침에 집에서 나가 저녁에만 들어왔다. 오전에 공적인 일을 보고 오후엔 목욕탕이나 극장, 경기장 등에서 여가를 즐겼다. 집에 있는 시간에는 거실에서 주로 모든 일을 다하고 침실은 잠잘 때만 썼다. 작을 수밖에 없다. 우리 한옥은 방이 곧 침실, 거실, 식당이었다. 그러니 안방이든 사랑방이든 컸다. 로마인들은 침실의 기능과 거실, 식당의 기능을 나눴다.

난방은 어떻게 했을까? 1층은 구들이다. 타일바닥 밑으로 공간을 둬 뜨거운 공기를 통과시켜 바닥을 덥였다. 우리는 아궁이에서 불을 땠지만 이들은 화덕을 구들 밑에 놓는 식이었다. 연기와 숯검댕은 굴뚝을 통해 나가도록 했다. 그러나 주로 실내에 난로를 놓아 공기를 따듯하게 하는 방법을 썼다. 연료는 숯이었다. 지중해 연안은 겨울에 그리 춥지 않다. 북방의 주택들은 앞서 말한 대로 구들을 만들거나 이중으로 난로까지 놓았지만, 지중해를 둘러싼 해안지방은 일부만 구들로 하거나 필요할 때만 난로를 사용하는 선에서 그쳤다.

거실이나 방에는 안락한 침대나 긴 소파를 놓았지만 자질구레한 가구 없이 단출했다. 대신 조각품으로 집안 전체를 꾸몄다. 특히, 천연색 프레스코와 모자이크로 분위기를 돋웠다. 식당은 음식물, 거실은 사냥, 침실은 에로틱한 모자이크가 큰 인기였다. 모자이크는 작은 돌조각을 사용하기 때문에 여름에 아주 시원해 실용적이었다. 훌륭한 바닥포장 기능도 가졌다. 창이 작거나 없어 밖의 자연경치를 볼 수 없었던 까닭에 꽃이나 나무, 새 같은 자연을 묘사하는 벽면 프레스코가 유행했다. 밤에는 올리브기름 램프로 불을 밝혔다.

▲계단-2층으로 올라가는 계단이다. 에르콜라눔.

▲방-방은 아주 작다. 잠만 자기 때문이다. 벽은 프레스코로 장식했다. 에페스.

▲야외식당- 집 안쪽 큰 정원에 있다. 폼페이.

▲로마저택모형-프랑스 비엔느 박물관. 정원의 페리스틸리움과 비비다리움이 잘 보인다.

▲페리스틸리움-집안 쪽의 큰 회랑정원이다. 그리스 코스섬에 남아있는 로마저택의 회랑정원 모습이다.

◀정원과 식당-트리클리니움(식당)모자이크에 버섯 디자인을 썼다. 안쪽으로 페리스틸리움이다.

154

⑥정원- 부유층의 대저택은 아트리움 건너 건물 안쪽으로 정원을 크게 만들었다. 공화국 시대에 정원은 작고 소박한 뜰이었다. 제국으로 팽창해 부유해지면서 정원은 화려하게 변신했다. 우선 코린트나 이오니아 양식의 기둥으로 두른 직사각형의 회랑 페리스틸리움 (Peristylyum)을 세웠다. 회랑 안쪽으로는 분수가 있는 연못 비비다리움(Vividarium)을 설치했다. 아름다운 나무와 꽃들로 가득 메웠음은 물론이다. 조각품도 군데군데 놓았다. 집안에서 흙을 밟기는 어려웠다. 돌로 그것도 화려한 색상의 대리석을 깔거나, 색돌 모자이크를 했기 때문이다. 거대한 주택은 회랑 뒤쪽에도 건물을 짓고, 방을 만들었다. 노예가 살거나 기타 용도로 썼다.

⑦트리클리니움(Triclinium)-실내 식당. 로마인들은 정원에 식당을 만들었다. 저녁에 연회를 이곳에서 열었다. 친구들을 초대해 함께 식사하며 즐거운 시간을 가졌다.

⑧엑세드라(Exedra)- 여름이나 야외용 식당.

폼페이, 오스티아, 에르콜라눔처럼 로마시가지와 주택지가 그대로 남아있는 유적지에서 앞서 설명한 구조의 주택을 확인할 수 있다. 과연 2천년전의 주택인지 믿을 수 없을 정도다. 이곳만이 아니라 지중해주변 로마유적지 곳곳에도 이와 유사한 구조의 집터들이 많이 남아있다.

2)서민 주택

이와 달리 일반 서민들의 주거상황은 좋은 편이 아니었다. 건물 옥상에 쪽집을 만들어 살곤 했다. 요즘 한국사회 옥탑방(屋塔房)이다. 3-4층 연립주택 꼭대기 옥상에 방한칸 만들고 임시 부엌 붙인 진짜 서민들의 집. 로마에선 이를 '갈레타' 라고 불렀다. 이런 쪽집 말고 일반 서민들이나 중산층일부까지 살았던 공동주

▲인술라-오스티아에 남아있는 인술라 잔해다.

택도 있었다. 요즘 아파트를 연상시키는 5-6층 짜리 인술라(Insula)다. 표준화된 공장 벽돌을 사용했고, 크레인을 사용해 자재를 들어올려 건축했다. 특히 로마가 제국으로 팽창하고 주택수요가 더욱 커지면서 더 많은 인술라가 들어섰다. 전문적으로 인술라를 지어 임대하는 사람도 나타났다. 요즘의 임대주택 사업자다.

　　　　각지에서 쏟아져 들어오는 사람들을 수용할 방법은 건물의 높이를 올리는 것 이외에 대안이 없었다. 그러나, 신전건물도 아니고 서민 임대주택을 좋은 자재 써가며 안전하게 지을 리 없었다. 요즘 보는 부실시공이 문제였다. 실제 몇 차례나 인술라가 무너졌다. 안전문제를 고

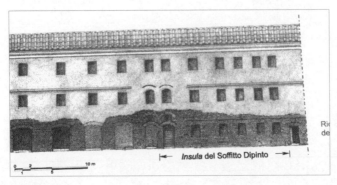

Insula del Soffitto Dipinto

◀인술라 복원도-오스티아에 남아있는 유적을 근거로 만든 인술라 복원도다.

려해 당국에선 높이 상한선을 뒀다. 옥타비아누스 황제는 20m. 당시 기준으로 6층 이상은 올리지 못하도록 규제법령을 내놨다. 인술라를 괴롭힌 범인은 또 있었다. 화재다. 밀집한 공간에서 식사준비나 난방용으로 불을 피우는 것은 아주 위험한 일이었다. 대형화재로 이어지는 경우가 많았다. 밤이면 화재를 감시하는 순찰단이 돌아야 할 정도였다.

4c 로마(Rome)에만 무려 4만6천6백동의 인술라가 존재했던 것으로 알려져 있다. 인술라 유적은 오늘날 대부분 사라졌다. 로마(Rome)에 하나가 남아있지만 많이 훼손됐다. 훌륭한 형태로는 옛 로마(Rome)의 관문으로 오늘날은 하얀 요트로 뒤덮인 오스티아 항구 유적지에 남아있다. 2-3층 높이로 남았지만 인술라의 구조를 보기엔 부족하지 않다. 폼페이나 에르콜라눔에는 인술라가 아니더라도 골목길을 가운데 두고 일반주택들이 늘어서 있다. 2천년의 세월을 넘어 집주인이 지금이라도 손님 맞으러 나올 것 같은 분위기다. 당시 서민주택가는 일종의 시장터였다. 포럼주변에 번듯한 상점가가 있었지만 먹고 살기 힘든 서민들은 작은 무엇이라도 만들어 내다 팔아야 했다. 집앞 골목은 좌판으로 어지러웠다. 물건 파는 소리가 시끄럽게 울려 퍼졌다. 마차가 다녀야 하는데 큰 교통방해였다. 밤에 서민주택가는 가로등이 없어 암흑천지였다. 범죄가 있었음은 물론이다.

3) 빌라

붐비고 시끄러운 도심지를 벗어나 전원에서 조용히 살고 싶어하는 마음은 로마시대나 요즘이나 크게 다

를 바 없다. 특히 로마는 농
경국가로 출발했기 때문에
전원에 대한 향수와 동경이
남달랐다. 자연의 아름다움
과 전원생활을 읊은 문학작
품이 널리 인기를 모은 점도
이런 맥락이다. 기독교 초기
로마에서 양치는 목자(牧
者)의 개념을 부담 없이 받
아들일 수 있었던 것은 로마
의 이런 전통과 맞닿는다.
지금 예수님을 나타내는 그
림들은 대부분 고통스럽게
못 박힌 십자가 처형장면이
다. 아니면 예수님은 구경

도 해보지 못한 호화로운 옷을 입고 두 팔 벌려 사람들을
바라보는 모습이다. 로마 초기에는 그렇지 않았다. 전원
에서 양치는 말 그대로 목동의 모습으로 예수님을 그렸
다. 모든 게 변해가지만 예수님을 나타내는 그림도 그랬
다. 예수님은 목수(木手)집안에서 자라고 생활했지만,
유대에서 양치는 일은 자연스러웠다. 단 요즘 생각하는
뉴질랜드풍의 '저 푸른 초원 위' 양치기가 아니다. 돌덩
이와 먼지흙 흩날리는 유대사막의 양치기다. 아무튼 로
마 정서에는 전원이 어울렸다. 상업국가 그리스와 다른
로마의 특징이다.

　　　　로마시대 부유해진 상인이나 귀족, 고급관리들은
시골에 대규모 농장(장원,莊園)을 소유하고 있었다. 농장
에는 거대한 저택을 지었다. 복잡한 도심지는 널찍한 공
간을 마련하기가 쉽지 않아 도무스 크기를 마음대로 할

수 없었지만 농장에선 달랐다. 원하는 만큼 크게 다양한 시설을 갖출 수 있었다. 도심지 도무스와 비슷한 구조였지만 규모가 장대했다. 연못이나 정원도 압도적으로 컸다. 수십에서 수백 개의 방과 연회장, 목욕탕, 식당, 체력단련장, 정원 등을 갖췄다. 이런 집을 빌라(Villa)라고 불렀다. 로마의 귀족이나 유력층들은 빌라를 지어놓고 시골로 들어가 칩거하며 번잡한 대도시로 나오지 않았다. 오죽하면 지배층이 로마(Rome)로 나와 일정기간 공무에 봉사한 뒤 다시 장원빌라로 들어가도록 하는 규정을 만들자는 주장까지 나왔다. 로마(Rome)교외 티볼리에 하드리아누스 황제가 만든 별장은 빌라의 대명사다. 지금은 대부분 크게 훼손돼 예전의 초대형 모습은 아니지만, 황제의 호사스런 삶을 짐작케 해준다. 지중해 주변 곳곳

▲장원의 근로−주인이 앉아 주연을 즐기는 가운데 노예가 술을 따르고, 밭에 씨를 뿌리며 물가에서 고기를 잡고 있다. 바르도 박물관.

▲매맞는 노예-피아짜 아르메리나 모자이크. 주인이 회초리를 들고 노예를 후려치려 하자 노예가 겁먹고 뒤로 물러서고 있다.

에도 빌라의 유적이 남아 제국을 지배했던 유력자들의 생활상을 들여다 볼 수 있다. 소형 연립주택을 빌라라고 부르는 우리사회의 풍습은 본래 뜻에서 많이 바뀌었다.

빌라의 원천은 제국주의와 노예 경제였다. 정복 전쟁을 통해 제국의 영토를 넓혔고, 새로 확보한 땅을 귀족이나 장군들이 차지해 대농장을 만들었다. 대농장의 경작은 간단했다. 전쟁터에서 잡아온 포로나 반역자들의 가족을 노예로 삼았다. 이들에게 힘든 농사일을 맡겼다. 돈 안들이고 대규모 농장을 운영하면서 막대한 이윤을 취할 수 있었다. 이런 대토지 소유농장을 라티푼디움(Latifundium)이라고 불렀다. 여기서 벌어들인 돈을 바탕으로 흥청댔다. 빌라도 그래서 가능했다. 그 바탕이 된 노예의 삶은 인간이하였다. 로마 시대 주인은 노예를 마음대로 사고 팔았다. 거세시키고, 성적인 노리개로 삼고, 죽일 수도 있었다. 여자노예 중 인물이 그런 경우는 주인의 첩실이 됐다. 여자노예의 첫날밤은 주인이 차지하는 경우가 많았다. 노예가 주인을 죽이면 집안의 모든 노예를 사형시켰다. 광산이나 검투장으로 끌려가는 노예는 가장 비참한 운명이었다. 목장에서 가축을 기르는 처지는 좀 나았고, 도심지에 살면서 가사일을 돕는 노예는 그중 행운이었다. 특히 도시 가정내 노예들은 좀더 자주 주인과 접촉하면서 인간적인 대접을 받기도 했다. 남아도는 재물을 얻기도 하고, 유산으로 뜻하지 않는 횡재를 할 수도 있었다. 키케로는 노예 티로를 30살에 해방시켜줬다. 티로는 카이사르 암살 뒤 공화파 키케로가 숙청 당할 때 안토니우스에게 목숨까지 내놓을 정도였다. 티로는 자기보다 3살 위이던 옛주인 키케로의 원고도 정리해 펴내고, 로마 속기법도 발명해내는 업적을 남겼다. 원로원 의원 1명이 거느린 노예와 식솔은 평균 백여 명에 달했다.

　　　　로마는 지나친 노예 학대를 막기 위한 각종 규정도 잊지 않았다. 또, 쥐구멍에도 볕들날 있다고 노예들에게 1년중 딱 하루 신나는 날이 있었다. 사투르날리아 (Saturnalia). 농업국가 로마에서 12월에 열린 전통의 농업축제(農神祭)다. 이는 나중에 12월 크리스마스와 2월 사육제로 바뀐다. 로마인들은 선물도 주고받으며 성대하게 축제를 벌였다. 이날은 참 재미있는 게임이 준비됐다. 역할 바꾸기. 주인이 노예가 되고, 노예가 주인이 되는 게임이다. 364일을 죽도록 일하고 단 하루 할말 조금 할 수 있었던 안쓰러운 삶. 이런 인생이 로마에 살던 사람의 몇%나 됐을까? 수도인 로마(Rome)인구의 3분의 1이 노예였다. 후대로 가면서 노예들은 해방됐다. 그렇다면 노예가 없어진 지금 로마(Rome)에 사는 사람 가운데 3분의 1은 노예의 후손이란 얘긴데. 인간은 모두 평등하다.

19. 위생생활을 가능하게 해준 수도교

-- 90km 밖에서 물 끌어온 건축기술의 금자탑

1)로마 수도교

아무리 훌륭한 주택을 지어놔도 물을 제대로 사용할 수 없다면 무용지물이다. 로마의 도무스들이 제구실을 다할 수 있었던 것은 상수도 덕분이다. 수원지로 쓰는 큰 강이나 호수는 주로 도시외곽에 있다. 수원지에서 물을 끌어올 때 요즘은 지하에 수도관을 묻는다. 로마 역시 땅 밑으로 지하터널을 파는 수도관 방법을 썼다. 지하수도를 만들어 시가지로 물을 끌어들인 효시는 아쿠아 아피아(Aqua Apia)다. 아피아 가도를 만들던 B.C 312년 함께 착공했다. 길이는 16km 였다. 도시가 팽창하고 물이 더 필요해지자 B.C 272년 아쿠아 아니오(Aqua Anio)를 만들었다. 길이가 63km나 됐다. 로마인들은 높은 수원지에서 낮은 로마(Rome)시가지로 자연경사를 이용해 물을 끌어왔다. 언덕이나 골짜기는 어떻게 했을까? 언덕 경사를 내려간 물이 관성의 법칙에 따라 반대편 언덕으로 치고 올라가는 사이펀의 원리를 이용해 작은 언덕이나 골짜기를 넘겼다.

▲타라고나 수도교- 거대한 계곡에 세워져 악마의 다리로 부른다.

▲스페인 세고비아수도교.

▲메리다 수도교-스페인의 최대 로마 유적지인 메리다.

◀이스탄불 수도교-도심지 한가운데 위치하고 있는데 밑으로 도로가 뚫려 자동차들이 쉼없이 다닌다.

　　　그러나, 더 깨끗한 물을, 새로운 상수원을 찾아 상류로 올라갈수록 지하수도의 길이가 길어졌고, 수도는 질적으로 큰 변화를 일으켰다. 지하에서 지상의 다리형 태 수도교(水道橋, Aqueduct)로 올라온 것이다. 수도교 의 효시는 B.C 144년 완공한 아쿠아 마르키아(Aqua Marcia)다. 길이가 91km에 이르는 대규모 수도다. 물론

▲아스펜도스 수도교-터키 남부 아스펜도스의
로마 수도교다.

▲밀폐 터널-튀니지 자구안에서 해안도시 카르타
고를 연결했던 이 수도교는 물이 흐르던 밀폐터널
이 상당부분 그대로 남아있다.

▲사용 중-마로 수도교가 더욱 놀라운 것은 아
직도 수도교를 사용하고있는 점이다.

▲마로 수도교-스페인 남부 지중해안가 마로에 남아있
는 4층 교각의 거대한 수도교다.

수도교라고 해서 전구간이 교각형태로 건설된 것은 아니
고, 지하구간도 여전히 남았다. 장거리 수송 과정에 경사
가 심하거나 골이 깊고 넓어 사이펀의 원리에만 의존할
수 없는 구간이 나오면 그곳에 수도교를 적용한 것이다.

그렇다면 도대체 수도교의 원리는 무엇일까?

우선 수도교는 다리이기 때문에 골짜기를 간단히 건널 수 있다. 또, 고도차가 작은 평지의 경우 교각을 세운 뒤, 교각의 아치(Arch) 높이를 조금씩 낮춰간다. 수도교의 고도가 내려가면서 수도물은 자연스럽게 흐른다. 높은 언덕이나 골짜기, 긴 평지구간을 아무런 불편 없이 지날 수 있던 비결은 바로 아치형 교각에 있었던 것이다. 아치 건축공법이 난숙기에 접어든 로마에서나 가능한 일이었다.

제국으로 팽창하면서 1c 말 9개의 수도노선이 완공됐다. 이어 109년 트라야누스 황제 때와 226년에 하나씩 더 건설해 모두 11개가 제국의 수도 로마(Rome)사람들의 갈증을 풀어줬다.

로마는 정복한 속주에도 수도교를 만들었다. 물을 구하기 어려운 지중해안의 지형적인 어려움에도 불구하고 로마가 전략적이나 상업적으로 원하는 지역 어느 곳에나 로마도시를 만들 수 있었던 비결은 바로 수도교다. 갈리아의 루그두눔(Lugdunum, 프랑스 리용) 수도교는 길이가 66km, 튀니지 자구안(Zhagouan) 수도교는 80km를 넘었다. 견고함은 말할 필요도 없다. 스페인 남부 마로 (Maro)에 있는 수도교는 규모도 규모지만 아직까지도 농사용 수도교로 2천년 넘게 사용 중이어서 탐방객의 입을 벌려놓고 만다. 로마(Rome)의 아쿠아 비르고(Aqua Virgo)도 요즘 사용한다. 15c 만든 로마(Rome)의 명물 트레비 분수에 물을 대주는 역할이다. 그러나 이는 수도교가 아니라 지하 수도다.

로마(Rome)의 수도교는 언제 자취를 감췄을까? 476년 서로마제국이 멸망한 뒤 6c 초 동로마제국의 유스티니아누스 황제는 이민족의 손에서 잠시 로마(Rome)를 되찾았다. 이때 동로마 장군 벨리사리우스가 이민족과 대치하면서 수도교를 파괴하거나 아치 교각 위 수도터널을 막아버렸다. 터널을 통해 이민족들이 시가지로 잠입해 올 수 있다는 걱정 때문이었다.

2)뽕뒤가르

뽕뒤가르(Pont du Gard). 프랑스어로 뽕(Pont)이란 다리, 가르(Gard)는 아비뇽과 님므, 그리고 아를르 사이의 지역을 말한다. 가르 지방에는 가르동강이 있다. 수원지 위제스에서 직선으로 20km 떨어져 있는 님므로 수도물을 공급하기 위해 만든 50km 길이의 지하수도 가운데 가르지역 가르동강 계곡을 지나는 수도교 부분을 '뽕뒤가르(가르의 다리)'라고 부른다. 로마 판도에 있던 지중해 연안의 주요 유적지 가운데 가장 인상적인 단일 로마유적을 하나 고르라면 뽕뒤가르를 꼽고 싶다. 험악한 지형의 산 속에 거인처럼 우뚝 솟은 수도교 뽕뒤가르야말로 경탄의 대상으로 입에 올릴 만하다.

B.C 19년 아그리파가 건축한 뽕뒤가르의 높이는 무려 48.77m. 콜로세움과 비슷하다. 3층 구조인데, 1층의 아치 높이는 21.87m, 2층 아치는 19.5m다. 3층은 7.4m다. 1층과 2층의 첫 번째, 두 번째 아치넓이는 각각 15.5m, 24.52m나 된다. 이런 대규모 수도교가 절벽과 푸른 강물의 주변 풍경과 어우러져 장관을 연출한다. 자연의 비경과 인간의 기술이 빚어낸 이중주다.

아치 높이로 수도교 고도를 조절한다고 하지만 건축가들에게 고도유지는 늘 과제였다. 수원지 위제스에서 님므의 저수장까지 표고차는 76m대 59m. 불과 17m

▲다리기능 - 뽕뒤가르는 수도터널과 함께 사람이나 마차 등이 건널 수 있는 다리의 기능도 겸했다.

▲뽕뒤가르 - 가르동강과 뽕뒤가르.

차이밖에 없다. 구불구불 50km 거리에 고도차가 17m라면 평균경사도(Gradient) 0.034%를 적용해야 자연스런 물줄기를 유지할 수 있다. 심지어 일부지점의 경사도를 0.007%까지 낮췄다. 로마의 놀라운 수리공학 수준에 입을 다물지 못할 뿐이다. 50km 공사구간에서 단 한군데의 오차만 있어도 대공사는 물거품이 되고 마는데… 프랑스에서 이 정도의 토목 기술력을 다시 회복한 것은 17c다. 중세 기독교 사회는 거꾸로 흘러갔던 셈이다.

하긴 B.C 3c 헬레니즘 시대 알렉산드리아 도서관장 에라토스테네스(Eratosthenes)는 지구가 둥글다는 것을 밝혀냈으며 둘레까지 정확히 측정해 냈다. 2c 활약한 것으로 알려지는 알렉산드리아의 천문학자 프톨레 마이오스가 일식과 월식, 천체의 운행에 관해 쌓아놓은 지식을 서유럽 사회가 다시 이해할 수 있게 된 것은

▲뽕뒤가르-프랑스 님므지방의 거대한 수도교 뽕뒤
가르의 전경이다.

15c 지나서다.

　　뽕뒤가르의 2층은 사람이나
마차가 건너는 교량이다. 오늘날까
지도 견고해 사람들이 건너 다닌다.
만년을 더 버틸 것 같은 위용이다.
수돗물이 지나가는 꼭대기 3층 터널
의 공법을 보자. 먼저, 돌 벽돌을 쌓
아 위가 터진 'ㄷ'자 형 구조물을 만
든다. 높이는 1.9m, 너비는 1.4m다.
안쪽에 물이 새지 않도록 진흙과 돌

▲수도터널-수도
교의 맨꼭대기는
물이 통과하는 터
널이다. 스페인 타
라고나 수도교.

가루를 섞어 만든 모르타르로 코팅한다. 두께는 4cm 다.
위 터진 부분에 두께 35cm, 길이 3.4m짜리 돌 덮개를 죽
이어서 씌우면 끝이다. 50km 뽕뒤가르의 일부구간은 산
속 터널도 활용했다. 바위산을 뚫어 물이 지나도록 한 것
이다.

20. 수돗물 받아쓰고 허드렛물은 하수도로

-- 요즘과 똑같은 저수장, 수도관, 하수관로

1)상수도

도시에서 멀리 떨어진 수원지로부터 수도교를 통해 물을 끌어오는 과정을 알아봤다. 이제 도시에 도착한 물을 어떻게 나눠 썼는지 요즘 과정과 비교해 보자. 서울이나 수도권도시의 경우 팔당 수원지에서 원수를 채취해 정수한 뒤 지하로 묻은 관을 통해 도시로 끌어온다. 도시에는 거대한 저수장이 있다. 물을 비축하는 창고다. 저수장에 저장돼 있던 물은 도시내 곳곳에 거미줄처럼 퍼진 수도관을 타고 각 가정과 물이 필요한 장소로 간다. 로마도 똑같았다. 수도교를 통해 도시로 들어온 물은 일단 카스텔룸(Castellum)이라고 부르는 저수장에 머물렀다. 전성기 로마(Rome)에는 모두 천 352개의 저수장이 있었다. 도시내 저수장에서 수도관을 타고 목욕탕, 상점, 분수, 일부 고급주택 등 물이 필요한 곳으로 갔다.

수도관은 3종류가 있었다. 돌, 구운 흙, 납으로 만든 종류다. 이런 수도관이 유적지에서 다수 발견된다. 놀라도 좋을 만큼 충분히 과학적이다. 비록 규모는 작지만

▲지상 저수장- 코린토스

▲수도관- 굵은 돌관을 만들어 썼다. 아마투스.

▲지상 저수장- 키프러스 아마투스

▲수로시설- 저수장으로 들어온 물은 도로 한가운데 만든 상수로를 따라 도시 중심부로 흘러간다. 페르게.

▲납관- 납으로 만든 상수관도 많이 남았다. 납관에는 일련번호까지 새겨져 있다. 로마박물관.

▲펌프- 대영박물관에 남아있는 펌프.

▲공동수도-수도꼭지는 둥글고 커다란 조각으로 장식했다. 에르콜라눔.

▲공동수도- 오스티아.

▲예레바탄-이스탄불에 있는 로마시대 지하 저수장. 메두사 얼굴조각이 인상적이다.

수도관의 수압을 높이기 위한 펌프장치도 있었다. 단지 수도관을 납으로 쓴 탓에 납중독에 걸렸다는 설이 있다. 도시내 수도관은 땅속에 묻었는데 주요 도로를 지날 때는 도로를 구성하는 4개의 층 가운데 첫 번째 층 파비멘툼(Pavimentum)과 2번째 층 누클레우스(Nucleus) 사이에 넣었다.

주택가 도로 곳곳에는 공동 수도를 놨다. 가정까지 연결하기보다는 공동수도를 활용하는 경우가 많았다. 수도교와 저수장을 통해 직접 집으로 물을 공급받는 사람은 소수의 상류층에 그쳤다. 가정으로 연결하고 싶거나 개인적으로 공장을 운영해 많은 물을 쓸 경우 먼저 허

가를 얻었는데, 이게 쉽지 않았다. 공공수도나 개인수도
모두 24시간 물을 흘려보냈다. 수도꼭지가 있었지만 잠
그지 않았다. 물이 풍부해서 그랬다기 보다는 특별히 약
품을 써 물을 정수하지 않던 당시 깨끗한 수질을 유지하
기 위해 계속 흐르도록 둔 것이다. 로마의 저수장 카스텔
룸을 지금도 실물 그대로 볼수 있는 곳은 폼페이다. 밀폐
된 건물 형태다. 터키의 로마유적지 페르게에선 저수장
과 시가지를 가로지르는 독특한 상수로가 눈길을 끈다.
터키 이스탄불과 리비아 아폴로니아에는 거대한 지하 저
수장이 인상적이다. 이스탄불의 지하 저수장은 비잔틴
제국 최대 전성기던 6c초 유스티니아누스 황제때 만들었
다. 가로 140m, 세로 60m 규모다. 돔형 천장은 모두 336
개의 코린트 양식 기둥이 떠받쳤다. 지금도 지하수가 고
여 물로 가득했을 로마시대 모습을 떠올려 준다.

2)하수도

상수도가 있다면 빼놓을 수 없는 게 하수도다. 위
생 생활을 위한 기본조건은 쓰고 난 더러운 물을 어떻게
처리하느냐다.

갑자기 하이힐의 역사가 궁금하다. 17, 8c까지
서유럽사회는 하수도가 없었다. 식민지를 착취해 막대
한 부를 쌓아 상류층은 호화판으로 살았지만 하수도조
차 없는 사회였다. 아침이면 각 가정에서 요강을 골목에
비워 오물천지였다. 여기 빠지지 않으려면 높은 굽의 신
발이 필요했다. 로마는 하이힐이 필요 없는 사회였다.
하수도가 잘 갖춰져 있었기 때문이다. 집에서 나온 생활
하수와 오수는 골목마다 들어가 있는 하수도를 통해 빠

▲모헨조다로—B.C 2천500년 전 모헨조다로
유적지의 하수도.

▲글라눔—프랑스의 로마 유적지 글라눔에 있는
하수도.

▲배스의 하수도—로마
목욕탕에서 빠져나간
물이 아직도 흐른다.

져나갔다.

　로마가 멸망한 뒤 문명은
상당부분 거꾸로 가 르네상스 이후
다시 태어난 게 많은데 하수도 역
시 그중 하나다.

　하수도는 길옆으로 설치했
다. 도로밑에 상수관과 함께 묻는
경우도 많았다. 혹시 샐 수 있으므
로 상수관을 위에 얹고 하수관은
아래쪽에 두었다. 현대의 원칙과
같다. 하수도의 조상이 로마는 아
니다. 인더스문명의 모헨조다로나
하랍파 유적지에 가보니 하수도가 있었다. 골목 한가운
데를 깊게 파고 돌로 덮개를 씌우는 구조였다. 4천 5백년
전 시설이다.

21. 여럿이 함께 쓴 수세식 화장실
— 물로 처리하고 난방 갖춘 공중 화장실

위생을 강조하던 로마의 문화는 상하수도를 지나 화장실(Latrina)에서 절정을 이룬다. 저택의 경우 개별적으로 화장실을 뒀지만, 대형 공중화장실이 많았다. 주민들이 공동으로 이용하는 시설로 간주했던 것이다. 특히, 지천에 난무했던 목욕탕에는 어김없이 공중화장실이 들어섰다.

몇 해전 중국에 가서 보니 여러 명이 공동으로 앉는데, 일어서면 서로를 다 바라볼 수 있는 그런 구조였다. 로마는 일어설 것이 없다. 아예 칸막이가 없다. 돌로 긴 의자처럼 직사각형의 틀을 만든다. 그리고, 위에 조롱박모양의 구멍을 낸다. 속은 텅 비었다. 일 볼 사람은 조롱박처럼 파인 자리에 요즘의 양변기에 앉듯이 엉덩이를 대고 털썩 주저앉았다. 배설물은 밑으로 떨어지고 물이 흘러 하수도로

▲화장실−조롱박처럼 생긴 곳에 앉아 일을 봤다. 앞에 홈이 파인 부분으로 물이 흘렀고, 손을 닦았다. 코린토스.

▲화장실─화장실의 수직적인 구조를 잘 볼 수 있다. 밑으로 떨어진 배설물은 물로 씻겨 내려갔다. 수세식인 셈이다. 베스파시아누스 황제. 베종라 로멘느.

씻겨 내려가도록 해줬다. 하나의 공간에 여러 명이 동시에 앉는다. 큰 곳은 20명이나 되는 사람이 동시에 앉을 수 있었다. 이런 저런 잡담을 나누면서 일을 봤다. 바닥은 대리석이었기 때문에 겨울엔 몹시 차 살이 시리고, 감기들 판이었다. 그래서 공중화장실을 열기 파이프로 난방하는 경우가 많았다.

뜻밖이지만 공중화장실이 국가재정에 큰 도움을 줬다. 베스파시아누스 황제는 네로가 탕진한 국고를 채우기 위해 재정 확대에 누구보다 적극적으로 나섰던 인물이다. 1c 말 황제는 곳곳에 공중화장실을 만든 뒤 이용하면 사용료를 받고 이용하지 않으면 벌금을 부과하는 방법으로 국고를 살찌웠다. 서유럽은 아직도 화장실 이용에 돈을 받는 전통을 갖고 있다. 기차역이나 공공시설에 무료 화장실이 없다. 우리처럼 눈 돌리면 화장실 표시볼 수도 없을 뿐더러 어렵게 찾아도 유료다. 동방예의지국에선 상상할 수 없는 일이다. 인간의 그것을 환경친화성 거름으로 본 우리전통과 돈벌이 수단으로 본 그들 전통의 차이인가 보다.

지금은 대부분 사라져버린 달동네 공중화장실. 급하고 꼭 가야하는데 남이 들어가 있을때 안타까운 심정. 시골에서 살아 사실 이런 애절한 심정은 잘 모른다. 시골은 사방이 화장실이기 때문이다. 그리고, 70년대 초까지 남의 집에 가서 놀다가도 볼일을 보고 싶으면 집으

로 와야했다. 당
시 화학비료를 쓸
여력이 없었기 때
문에 밭에 뿌리는
거름은 2종류였
다. 짚을 썩힌 퇴
비와 인분. 인분
은 곧 재산이었던
셈이다. 남의 집
변소를 채워줄 일
이 없었고, 반드시
자기 집 변소부터

▲백문이 불여일견—터키 에페스 화장실에서 직접 앉아봤다. 바로 이런 모
습으로 여럿이 공중화장실을 이용했다.

가득 채우는 게 순서였다. 마루나 마당에 아이들이 본 것
은 해결사가 따로 있었다. 동네 개들의 일용할 양식. 농
촌은 그랬는데, 도시서민들의 애절한 심정을 전해주는
글이 있다.

　　　12.12 쿠데타 때 반란군을 진압하기 위해 백방으
로 노력하다 거꾸로 반란군으로 몰렸던 당시 수경사령관
장태완 장군. 별단 장군이 무슨 서민인가 싶지만 살았던
내용은 그랬다. 장군의 자서전 '12. 12쿠데타와 나' 에 잘
나타난다. 장군은 달동네에 살았다. 70년대 어느 겨울 아
침. 전날 한잔에 아랫배는 '싸' 하고. 공중화장실은 이미
차고. 육군본부로 그냥 출근하다가 도중에 망신 날것 같
고. 훈장 주렁주렁 단 채 공중화장실 옆 공터에서 볼일을
봤단다. 동네 아주머니들이야 장군 엉덩이 봐서 좋았겠
지만, 국가체면이…

22. 오후시간을 즐겁게 만든 목욕탕

-- 여가를 책임진 목욕탕은 최대의 오락 사교장

1)목욕문화 발전과정

흔히 '터키탕'(Turkish Bath)이라는 말을 쓴다. 글자그대로 풀자면 '터키식 목욕탕'을 말하는데. 원래 뜻은 불을 때 방을 덥힌 뒤 고온의 열기로 땀을 빼는 목욕을 말한다. 뜨거운 불돌에 물을 끼얹어 더운 증기를 발생시켜 땀빼는 방법과 다르다. 열기로 땀빼는 터키탕이 금수강산에 들어오면서 이성 입욕 보조원이 때를 밀고 안마를 해주는 뜻으로 바뀌었으니… 물론 일본을 거치면서 변질돼 들어온 문화다. 강남 귤이 강북 가서 탱자 된 것도 아니고. 어쨌든, 열기목욕 방법의 원조는 터키가 아니다. 로마다. 목욕은 로마 위생문화의 백미다. 로마위생의 상징이나 마찬가지다. 로마의 목욕방법은 서로마제국 이후 중세 기독교시대를

▲모헨조다로 대욕탕–잔 벽돌을 쌓은 대욕탕 높이는 3m를 넘는다. 계단을 통해 바닥으로 내려간다.

맞아 서유럽에서 사라졌다. 대신 동로마에는 남았는데, 10c 이후 동로마의 영토를 차지한 이슬람권 셀주크 투르크(Seljuck Turk)가 그대로 전수 받았다. 이후 투르크 (Turk, 터키 Turkey)의 이름 을 따 터키탕이 됐다. '로마 탕'(Roman Bath)이란 표현 이 역사적으로 정확하다. 물 론 목욕탕 자체의 역사는 훨

▲카라칼라 목욕탕-오늘날 10층 규모의 건물 높이에 맞먹는다. 도서관 같은 각종 시설이 들어섰다.

씬 더 거슬러 올라간다. B.C 2천500년 전 인더스 강가의 모헨조다로다. 하수도를 갖춘 대형 공중 목욕탕이 그대로 발굴돼 있다. 종교적 성격을 가 미한 것일지라도 놀라움을 감출 수 없다.

　　목욕문화는 오리엔트를 거쳐 B.C 8-5c 경 그리스에 퍼졌고, 로마에는 B.C 4c 경 들어 와 만개했다. 초창기 공화국시절 건실했던 로마 인들은 목욕을 별로 좋지 않게 봤다. 인간의 신 체를 나약하게 만든다고 여겼기 때문이다. 노예들의 목 욕을 금지한 이유다. 힘 빠지면 일 못하니까… 가정에 목 욕탕을 설치할 때는 안 보이는 으슥한 곳에 만들었다.

▲배스 온천목욕탕-로마인들이 만든 온천 목욕탕터가 발굴돼 원형대로 복원한 뒤 물을 가득 채워놨다.

　　그러나, 금지한다고 수그러드는 문화를 역사속에 서 찾기 어렵다. B.C 2c를 지나면서 상업적인 목욕탕이 늘어났다. 인식의 변화와 함께 약간 머리를 쓴 덕이다. 처음 베수비오 근처 스타비아 목욕탕은 화산에서 나오는 천연 온천이었다. 뜨거운 물이 솟는 온천에서 목욕을 시 작했다. 그러다가 인공적으로 물을 끓여 열탕이나 온탕 으로 썼다. 이때 생긴 열이 구들과 벽을 둘러싼 관을 타고

돌며 방을 입체적으로 덮히는 방법을 고안해 냈다. 땀빼는 열기욕실 즉 건식 사우나다. 물도 끓이고, 열도 활용하는 효율적인 시스템이다. 이런 새로운 방식의 로마목욕탕이 우후죽순으로 들어섰다. 아그리파가 B.C 33년 조사한 통계에 따르면 로마(Rome)에만 무려 170개에 이르렀다. 한집 건너 하나씩 목욕탕인 셈이었다. 목욕탕 건축엔 신전에서나 볼법했던 최고급 자재를 이집트와 그리스에서 실어왔다. 목욕탕 바닥은 전체가 화려한 모자이크로 뒤덮였다.

로마는 제국으로 팽창하면서 지중해 로마문명권에 로마식 목욕탕을 전파했다. 지중해 주변 로마유적지 어딜 가도 공중 목욕탕 유적이 남아있다. 폼페이, 리비아의 사브라타, 터키의 페르게, 튀니지의 카르타고에도 로마목욕탕의 진수를 볼수 있는 잔해가 온전하다.

목욕은 영어로 배스(Bath)라고 한다. 배스는 로마목욕탕이 있던 영국의 도시 이름이다. 배스에는 로마시절 유황온천 목욕탕을 발굴 복원해 놔, 탐방객들이 살아있는 로마 목욕탕의 면모를 접할 수 있다. 스페인 메리다에서 18km 떨어진 알란헤(Alange) 로마목욕탕은 로마시대 온천 목욕탕 잔해 위에 건물을 지어 현대식 목욕탕으로 만들었다. 독일의 거대한 로마 온천유적지 바덴바덴 역시 마찬가지다.

2) 로마 목욕탕 구조

로마목욕탕은 초기 열기식 사우나와 열탕 정도가 전부였다. 다양한 온도의 열기욕실과 탕을 갖춘 것은 네로 황제 목욕탕을 지으면서부터다. 이때부터 체육관이 목욕탕에 추가돼 강력한 근육운동을 한 뒤 목욕탕에 들어갔다. 110년에 트라야누스 황제는 네로의 목욕탕을 능가하는 호화로운 목욕탕을 만들었다. 여기엔 정원과 도서관, 산책로, 수영장이 딸렸다. 미팅장소로도 활용했다. 100년 뒤 요즘도 초대형 잔해가 남아있는 카라칼라 황제 목욕탕이 생겨났다. 카라칼라 목욕탕은 무려 천 6백 명이 동시에 이용할 수 있었다. 다시 80년쯤 뒤에 지은 디오클레티아누스 황제 목욕탕은 수용규모가 카라칼라 목욕탕의 2배를 넘었다. 요즘은 일부 잔해를 로마 박물관으로 쓴다. 로마제국 말기 로마(Rome)에는 8개의 초대형 무료 공중 목욕탕이 존재했다. 또 저렴한 요금을 내는 830개의 중소형 사설 목욕탕도 서민들로 붐볐다. 목욕문화가 완숙기에 접어든 단계의 대형 공중목욕탕의 구조를 목욕 순서대로 알아본다.

①아포디테리움(Apoditerium)--탈의실이다. 목욕탕에 들어가 우선 옷부터 갈아 입는다.

②라트리나(Latrina)--용변을 본다. 공중 화장실이 아주 발달해 있다.

③팔레스트라(Palestra)--체력단련장이다. 던지기, 달리기, 공놀이를 한다. 남자들의 멋진 경기나 근육질에 여성들이 관심을 가질 수 있다. 목욕탕에 들어가기 전

▲목욕탕 구조도-배스.

▲아포디테리움-탈의실이다. 폼페이 포럼 목욕탕.

▲팔레스트라–체력단련장. 폼페이 스타비아 목욕탕.

▲나타티오–리비아 렙티스마그나 목욕탕.

▲나타티오–배스의 대욕장이다.

▲테피다리움–미온욕실. 폼페이 포럼 목욕탕.

젊은이들은 이곳에서 체력단련에 열성이었다.

④나타티오(Natatio)--실외 수영장이다. 근육운동을 한 후 수영으로 마무리 한다. 여성들은 이곳에서 아름다운 몸매를 뽐냈을 것이다. 수영은 목욕의 마지막 코스로 즐기는 경우도 많았다.

⑤테피다리움(Tepidarium)--미지근한 방이다. 미온욕실(微溫浴室)이다. 저온의 열기로 몸을 덮인다. 폼페이에는 땀을 내는데 도움을 주기 위해 설치한 청동난로가 아직도 그대로다.

⑥칼다리움(Caldarium)--뜨듯한 방이다. 온욕실(溫浴室)이다. 테피다리움보다 덥고 라코니쿰보다는 덜 뜨겁다. 여기엔 욕조를 만들고 뜨거운 물을 담아놓았다. 들어가 몸을 담그는 온탕(溫湯)이다. 또, 몸을 닦고 물로 씻어 내릴 수 있도록 물을 가득 채워둔 입식 대야도 갖췄다.

⑦라코니쿰(Laconicum)--아주 뜨거운 열기욕실(熱氣浴室)이다. 라코니쿰에도 뜨거운 탕(湯)을 함께 설치하는 경우가 있었다.

⑧프레지다리움(Fregida-rium)--차가운 방의 냉탕이다. 이곳

▲프레지다리움 – 냉탕, 원형이다. 배스.

▲칼다리움–온욕실. 욕탕이 현대식과 같다. 폼페이 포럼 목욕탕.

▲구들 벽돌–구들장을 받치고 있는 돌 벽돌이 실제 모습으로 쌓여 있다. 배스.

▲열기 파이프– 오스티아.

▲프레푸르니움–불 아궁이. 피아짜 아르메리나 로마 저택 목욕탕.

▲구들–구들구조를 측면에서 잘라 바라본 모습이다. 렙티스마그나 하드리아누스 목욕탕.

에서 몸을 식힌다. 실내의 작은 수영장인
경우도 있다. 여기서 나타티오의 수영장으로 가 찬물 수
영을 즐기기도 했다.

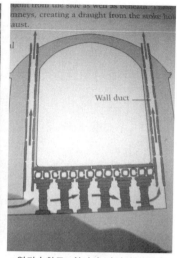

▲입식대야– 몸을 닦는 물대야. 칼다 리움에 있다. 폼페이 포럼 목욕탕.　▲열기순환도–열기가 바닥의 구들을 덥히면서 도는 모습을 그림으로 그렸다.

　⑨운찌오니움(Unzionium)--몸을 식힌 뒤 마사지, 털다듬기, 오일바르기, 향수뿌리기 코스다.

　⑩음식점, 주점, 정원, 일광욕장, 도서실, 강연실, 오락실, 연회실도 배치됐다. 사교와 식사, 음주로 시간을 보내며 즐겼다.

　⑪프레푸르니움(Prefurnium)과 구들--불때서 물도 끓이고 뜨거운 열기를 공급하는 아궁이다.

3)로마 목욕탕의 풍경

　로마시대 목욕은 하루 특히 오후의 가장 중요한 일과였다. 단순히 몸을 씻는 차원이 아니었다. 로마시대 목욕은 친구들과 어울리는 사교의 개념이었다. 오전엔 포럼 등에서 공적인 업무를 보고 오후에 즐겼다. 오늘날 스페인땅 코르도바 출신으로 스토아 철학자겸 네로 황제

의 교사이자 섭정이었
던 세네카는 로마인에
게 목욕이 어떤 의미
였는지 잘 말해준다.
"목욕과 포도주와 비
너스가 우리를 타락시
키고 있다. 그러나, 목
욕과 포도주와 비너스
는 우리의 삶이다"

▲바닥 모자이크—목
욕탕의 바닥은 전체가
화려한 모자이크로 덮
여있다. 오스티아.

　　　향락에 젖어
살던 로마인의 모습을
잘 보여주는 철학자의
자가진단 발언이다. 호텔 사우나서 목욕
하고, 저녁이면 술집으로 출근해 비너스
들과 함께 술(포도주)마시는 근역(槿域)의
졸부들 모습과 닮았다. 세네카의 좀 길지

▲공놀이하는 여성—
아슬아슬한 차림의 금
발 여인이 목욕탕에서
공놀이를 하고 있다.
피아짜 아르메리나.

만 당시를 잘 엿볼 수 있도록 해주는 말을 계속 들어 보자.
　　　"공중목욕탕에서 나오는 온갖 종류의 소리를 들
을 수 있다. 상상해 보라. 근육질의 남자가 거친 숨을 몰
아쉬며 운동한다. 손을 흔들고, 공을 잡고, 큰 숨을 몰아
쉬고, 고함치고, 유쾌하지 않은 공기를 내뿜고. 한쪽에선
무기력한 남자가 오일마사지를 받는다. 안마사의 손이
어깨를 주무르고 두드릴 때마다 소리가 난다. 도둑이 들
어 한바탕 소동이 벌어진다. 수영장으로 뛰어드는 소리
도 들린다. 미용사가 털 뽑기 위해 손가락에 힘을 줄 때
마다 비명이 울려 퍼진다. 음료장수, 빵장수, 소시지장
수, 모두가 소리치며 음식을 판다. 주점 주인들은 자기
집 술을 권한다."
　　　요즘도 이렇게 다양한 시설을 갖춘 고급스런 목

욕탕을 찾기는 쉽지 않다. 한국사회 찜질방은 로마의 목욕문화를 되살리는 복원 유물인가?

목욕탕에서 공놀이는 대인기였다. 황제도 목욕탕에 와서 참가할 정도였으니, 인기도를 짐작해 볼 수 있다. 공놀이에 뛰어난 선수들은 요즘 축구스타보다 더 큰 대접을 받았다. 공놀이는 남성들만 즐긴 게 아니었다. 여성들도 공놀이에 빠져들었다. 날씬한 몸매를 뽐낼 수 있는 좋은 기회였다. 요즘 비치발리볼을 연상하면 쉽다. 해변에서 아슬아슬한 차림으로 이리 뛰고 저리 넘어진다. 손과 발을 뻗고, 머리를 젖히면서 공놀이에 열중한다. 이런 비치발리볼의 풍경은 로마시대에도 그대로였다. 무대는 목욕탕의 팔레스트라다.

폼페이나 일부 유흥지역은 밤에도 문을 열었다. 입장료는 무척 저렴했다. 황제부터 가난뱅이까지 모두가 이용하다보니 도둑이 들끓었다. 특히 탈의실에서 돈을 훔치거나 물건을 슬쩍하는 경우가 많았다. 부유층은 그래서 노예를 데리고 목욕탕에 다녔다. 주인이 퍼지게 노는 동안 노예는 꾸벅꾸벅 졸면서 하염없이 짐을 지켰다. 요즘은 몰래카메라가 노예를 대신해 목욕탕 옷장을 지킨다. 여기서 찍은 알몸을 인터넷이나 음란비디오로 팔아 문제가 되지만…

목욕탕에서 개인위생을 위해 식초로 귀를 닦았고, 이빨을 하얗게 하려고 소변으로 닦는 경우도 있었다. 면도는? 목욕탕이 아닌 이발소를 찾았다. 이발소는 늘 만원이었고, 세상 돌아가는 얘기들이 가장 실감 있게 오가던 장소였다.

목욕은 남녀모두 가능했다. 여성들도 목욕탕에 가는 것을 무척 즐겼다. 요즘도 우리의 유한부인들은 찜질방이나 온천, 호텔 사우나에서 하루해를 보낸다. 로마에서는 B.C 2c부터 여자들도 목욕탕에 간 기록이 나온다. 이때는 남녀공간이 엄격히 구분됐다. 폼페이 유적을 봐도 똑같은 구조의 공간이 2군데 존재해 남녀 탕의 분리를 증언한다. 그러나 B.C 50년경 로마의 정치가로 카이사르에 반대하고, 공화주의를 내세우다 옥타비아누스에게 죽은 정치인 키케로는 목욕탕에서 남녀공간을 갈라야하는 규칙이 존중되지 않는 현실에 독설을 쏟아냈다. 남녀혼탕이 드물지 않았다는 얘기다. 뭔가 냄새가 난다. 어쩌다가는 관광지 온천탕도 아니고 매일 가는 목욕탕에서 늘 얼굴을 마주치니… 난잡스런(promiscuous) 스캔들이 문제가 되곤 했다. 지위고하가 없었다.

▲히에라폴리스 노천탕-로마시대 기둥이 그대로 쓰러져 있어 로마시대와 똑같은 모습이다. 고대 유적을 탕 속에 넣고 목욕하는 이들의 문화재 사랑 방법이 남다르다.

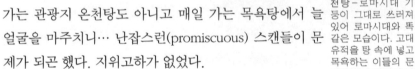

　　　2c 초 하드리아누스 황제. 위인일수록 여색을 밝힌다는 영웅본색은 동양적인 전통인데. 하드리아누스 황제는 스캔들을 끊기위해 목욕탕에 가지 않겠다고 굳게 마음먹었다. 이에 대한 충격이었는지 그는 남색에 빠졌다는 의혹이 끊이지 않았다. 하드리아누스는 어려서부터 그리스 문화에 깊이 물들었던 사람이다. 황제가 돼서도 그리스 취향은 그대로였다. 그리스 문화의 특징은 남색이다. 인간의 나체를 예술로 받아들이고

▲온천원수- 배스.

이에 탐닉하는 것에 거부감이 적었던 그리스인들은 원로가 미소년에게 애정을 표시하는 것을 특별히 나쁘게 바라보지 않았다. 소크라테스도 그랬다. 이런 문화에 로마인은 거부감을 나타냈다. 그러나, 하드리아누스 황제는 그리스풍이었다. 그리스 시찰도중 안티노라는 미소년을 만나 시종으로 삼았다. 황후도 동반한 2c초 이집트 여행. 황제는 황후, 안티노 양자 사이를 오가야 했다. 그러던 어느날 안티노가 나일강에서 익사체로 발견됐다. 크게 상심해 울부짖던 황제는 안티노의 이름을 따 안티노폴리스라는 도시를 세워줄 정도였다. 하드리아누스는 자신을 후계자로 지명한 트라야누스 황제의 황후 플로티나와 끈적한 관계였다는 설도 있다. 양성을 오간 그의 행적이 기이하다.

개과천선(改過遷善)한 사람일수록 규율이 엄한 법이다. 하드리아누스 황제는 목욕탕의 엄격한 남녀 분리령을 내렸다. 그러려면 시설비 들고. 그래서 시설은 두고 시간대를 달리해 남녀가 사용하는 방법을 고안해 냈다. 공무가 많은 남자는 오후에 여자들은 오전에 가라고. 그 뒤 2c 말 마르쿠스 아우렐리우스 황제나 3c 초 셉티무스 세베루스 황제 때 똑같은 포고령이 나왔다. 분리원칙이 잘 무너지거나, 지켜지지 않았다는 것을 의미한다.

오늘날 독일의 로마 유적지 바덴바덴에서 보는 남녀혼탕. 로마의 정신을 계승한 것으로 볼 수 있다. 남녀가 맨몸으로 사우나서 땀빼고, 탕 속을 오가는 일은 체험을 통해서 옛 로마인의 삶을 반추해보려는 역사탐방의 일종으로 평가해도 무방할까?

궁금한 것은 기독교시대로 접어든 뒤 목욕문화가 어떻게 변했을가다. 로마는 313년 기독교를 공인하고 이어서 국교로 삼았다. 도덕적이고 금욕적인 기독교문화에서 쉽게 생각해 볼 수 있는 대목이지만, 목욕문화를 곱게 봤을 리가 없다. 성자 제롬은 "예수안에서 한번 목욕한 사람은 다시 목욕할 필요가 없다"고 말할 정도로 목욕문화에 대해 극단적인 거부감을 숨기지 않았다. 성자 아우구스티누스는 좀 더 유화적이어서 수녀들이 한 달에 한 번씩 목욕탕에 가는 것을 허용했다. 그러나, 일반 시민들에 대해서는 규제를 강요하기가 어려울 정도로 목욕문화가 뿌리깊었다. 교회의 금지 규율은 오랫동안 소귀에 경 읽기 였다. 4c말 콘스탄티노플 주교였던 시시니우스의 말을 들어보자. "왜 하루에 두 번이나 목욕합니까?" "글쎄, 하루에 세 번할 시간이 없어서." 5c말 서로마제국이 멸망하고 목욕에 별 관심이 없던 게르만족이 대세를 장악하면서 서유럽의 목욕문화는 사라졌다.

4) 목욕은 치료

사실 그리스에서 처음 목욕을 시작했을 때 목욕의 치료효과에 주목하고 있었다. 로마로 넘어와서도 처음 목욕이 화산지대의 온천에서 발달했다는 사실은 치료방법으로서 목욕의 효능을 염두에 뒀다고 볼수 있다. 131년 페르가몬에서 태어난 클라우데 갈리에누스 (Claude Galienus)는 마르쿠스 아루렐리우스 황제와 아들 코모두스 황제 때 활약한 로마제국 최고의 의사로 평가받는다. 그는 의학에서 예방과 치료의 개념을 명확히 하면서 목욕의 효용성을 일찌감치 알아챘다. 물을 이용한 질병치료법을 다수 제시했던 그는 효과적인 목욕을 위해 몇 가지 원칙을 알려줬다.

먼저 라코니쿰에서 뜨거운 열기욕. 이어 온탕으

로 들어가 몸을 쭉 뻗는다. 다음 냉탕으로 가고, 나와서 몸을 문질러준다. 냉탕과 온탕을 번갈아 드나드는 것이 좋다고 말했다. 질병예방 효과가 있다는 주장이다. 그렇지만 심장의 발작을 염려해 병약자들은 피하라는 충고도 잊지 않았다. 하루에 2-3차례 목욕을 권했다. 목욕 뒤에는 피부관리를 위해 올리브 기름 마사지가 좋다고 봤다. 요즘 우리가 알고 있는 목욕건강 상식이라고 하는 것이 알고 보니 로마인이 권장하고 실천했던 건강요법이었다.

페르가몬에 가면 아직도 물을 이용했던 로마시절 치료시설이 유적으로 남아있다. 그리스 코스섬은 의술의 신 아스클레피우스를 섬긴 히포크라테스의 고향이다. 이곳에도 물을 이용했던 대규모 치료병원이 남아있다.

참고로 로마시대 의료기술에 대해 알아보자. 로마인들도 다른 모든 문명권처럼 많은 질병에 시달렸다. 현대인들이 시달리는 병들에 똑같이 노출돼 고통을 겪었다. 감기부터 말라리아나 결핵까지. 로마인들이 현대인

▲파묵칼레 석회봉-히에라폴리스 온천탕 밑으로 흰색 석회봉과 온천이 장관을 이룬다.

◀히포크라테스 정자-코스섬
에 남아있다. 히포크라테스가
의술을 논하던 장소다.

◀아스클레피온 유적-코스섬
에 있는 그리스 로마시대 종
합병원.

과 다른 점이 있다면 질병을 신이 주는 것으로 생각했고,
따라서 신의 힘을 빌어 치료하려했던 점이다. 앞서 살펴
본 그리스 의술의 신 아스클레피우스를 받아들여 열심히
섬긴 이유도 여기 있다.

　　물론 질병과 치료방법에 대한 과학적인 연구도
뒤따랐다. B.C 6c 히포크라테스를 시작으로 체계적인
의술연구가 있었으며 헬레니즘시대를 이어 로마시대까
지 이집트 알렉산드리아는 의학교육의 총 본산이었다.
로마는 의사들을 특별 대우해 줬다. 황제들은 오늘날 주
치의 성격의 의사를 두고 많은 특전을 베풀었다. 로마의
다양한 의료용 기구들이 오늘날까지 남아, 수술이나 각
종 치료 행위가 이뤄졌음을 보여준다.

23. 목욕뒤 예쁘게 가꾼 몸단장

-- 장신구와 화장, 현대감각 뺨치는 속옷패션

목욕탕에서 몸을 깨끗하게 닦고, 올리브기름 마사지로 피부를 윤기 있게 만든 로마인들은 다음단계의 즐거운 시간을 설레임 속에 맞았다. 연회에 참석하기 위해서는 예쁘게 치장하는 게 우선이다. 로마시대에도 요즘 뺨칠 정도로 화장에 신경 쓰고, 귀금속을 달았으며, 놀랄만한 속옷패션을 선보였다. 유적지에서 발굴한 유물을 통해 정성스러웠던 몸치장을 들여다 본다.

우선, 목욕이 끝나면 거울을 보며 머리를 빗었다. 곳곳의 유적지에서 발굴되는 머리빗은 상아나 나무로 만들었는데 우리전통의 참빗과 한치 틀림없이 똑같다. 청동거울은 손잡이와 덮개까지 달고 이런 저런 장식을 붙였다. 머리를 빗은 뒤에는 핀이나 비녀를 꽂아 한껏 멋을 냈다. 머리는 여성의 건강과 아름다움을 상징

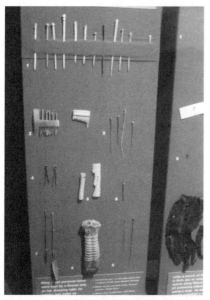

▲비녀, 빗, 털 뽑개, 귀이개, 화장품 뜨개- 배스 박물관.

하는 잣대로 봤기 때문에 특히 공들여 손질했다. 시대에 따라 헤어스타일도 유행을 탔다. 남자들도 머리 모양에 신경썼는데, 특히 카이사르의 경우 대머리를 가리기 위해 머리를 내려 빗고, 월계관을 썼다. 남자들은 공화국시절 수염을 길렀다. 그러다가 그리스 풍속을 따라 수염을 밀었다. 그리스인들은 마케도니아의 알렉산더에게서 수염 깎는 것을 배웠다. 위인을 모방하기는 예나 지금이나

▲머리빗-대영박물관.

마찬가지다. 로마에서는 B.C 202년 카르타고를 점령했던 스키피오 장군이 처음 수염을 시원스레 밀었다. 이후 카이사르나 옥타비아누스도 수염 없이 등장한다. 이제 민낯이 로마의 대세였다. 당시 비누거품이 없어 수염을 깎는 일은 만만한 게 아니었다. 솜씨 좋은 면도사는 돈을 꽤 벌었다. 머리 손질이 끝나면 요즘과 똑같이 생긴 귀이개로 귓밥을 파낸 뒤, 털뽑개로 잔털을 다듬었다.

　　　　여성들 화장품은 어땠을까? 분이나 크림 같은 각종 화장품을 담았던 용기가 내용물과 함께 발견된다. 화장품을 찍어내던 뜨개도 나온다. 특히 향수를 애용했다. 향수병은 요즘 디자인을 무색하게 만들 정도로 뛰어난 감각을 보여준다. 재질도 도자기나 유리 가리지 않았다. 특히 깨지기 쉬운 점을 고려해 향수병 보호통까지 나무로 만들었다. 귀부인들은 화장하는 노예만 여러 명을 두고 몇 시간씩 할애할 정도였다. 미용식과 미용체조도 유행하고 피부를 위해 상류층엔 우유목욕도 널리 퍼졌다. 여인네들이 몸을 가다듬고 화장하는 장면은 조각이나 프레스코 등에 남아 오늘까지 전한다.

▲청동거울-대영박물관.

▶화장품통 – 뚜껑을
덮는 스타일은 물론
도자기 형태의 유리병
도 있다. 대영박물관.

▶유리 향수통 – 요즘
시장에 내놔도 손색없
는 세련된 색상과 디자
인의 향수통이다. 루브
르박물관.

▶향수통 보호용기 –
나무로 만든 보호용기
에 넣고 보관했다. 대
영박물관.

우리의 관심을 더 끄는 부분은 아무래도 의상이다. 남자들은 영화 등에서 많이 봐 익숙한 겉옷 토가(Toga)를 입었다. 한쪽 어깨를 드러내는 경우가 많았는데, 흘러내리지 않도록 하기 위해 무던히 애를 썼다. 가난한 사람이나 부자나 똑같았다. 재질로 신분의 차이를 드러냈다. 여성들은 조금 복잡해진다. 어깨에서 무릎까지 오는 짧은 옷 투니카(Tunica)를 걸

▲측면에서 본 팬티-엉덩이만 살짝 가린 모습. 바르도 박물관.

▲머리빗는 아프로디테-루브르 박물관.

▲초미니 삼각 팬티-망사형 디자인. 바르도 박물관.

▲브래지어-나폴리 박물관. 목걸이, 브래지어, 팔찌, 배꼽 장식, 팬티.

치고, 그 위로 스톨라(Stola)라는 긴 옷을 입었다. 결혼한 유부녀들은 투니카의 길이가 좀더 길었다.

맨 위에는 팔라(Palla)라고 부르는 겉옷을 입었다. 머리엔 스카프를 둘렀다. 모두 헐렁하다. 미니 스커트나 몸에 달라붙는 곡선강조용 옷을 입지는 않

▲각종 귀금속-로마박물관.

▲하녀 모자이크-쟁반에 주인이 사용할 귀금속을 답고 서있다. 팔찌와 귀걸이, 목걸이가 보인다. 안타키아 박물관.

았다. 그렇다면 속옷은? 조각, 모자이크나 프레스코가 여성들의 속옷패션을 전해준다. 한마디로 아찔했다. 초미니스타일의 망사형 팬티를 입은 예도 보인다. 끈으로 간신히 얽어맨 모습이다. 고급소재는 물론 비단이었다. 브레지어는 끈 없이 가슴을 일자로 두르는 형태였다. 요즘 어깨끈 없이 두르기만 하는 것이 첨단인데, 그때는 아예 어깨끈을 생각하지 않았던 것으로 보인다.

옷을 입었으니 귀금속으로 치장할 차례다. 강력하고 부유했던 로마제국. 갖은 귀금속을 귀에 달고, 목에 걸고, 팔목에 차고, 손가락에 끼웠다. 머리에 쓰는 금으로 된 망사도 있었다. 귀금속 역시 그리스에서 들어온 풍습이었다. 전쟁이 나면 여성의 보석착용을 허용하지 않았다. 감찰관들이 이를 단속하고 다녔다. 그러나 제국이 되면서 규제는 흐지부지되고, B.C. 195년 여성 사치 근절법인 오피우스법이 폐지됐다.

목욕하고, 짙은 화장에 정신을 현혹시키는 향수, 현기증 나는 속옷에 갖은 장신구. 로마상류층 여인들은 이렇게 차리고 밖으로 나갔다. 양말을 신지 않아 맨살이 드러나는 가죽 샌들을 신고…

24. 밤드리 노닌 연회

— 한없이 먹고, 마시고, 놀고… 노예들은 뼈빠지다

이제 치장을 마쳤으니 아름다움을 과시하고 즐거운 시간을 보내는 연회로 가보자. 연회는 크게 두 종류가 있었다. 포도주를 마시는 '코미사티오'와 식당 트리클리니움에서 푸짐하게 차려놓고 질펀하게 노는 '케나'였다. 이런 저런 별미로 상다리는 휘어졌고, 노예들이 새로 만든 맛난 요리를 날랐다. 긴 의자에 왼쪽으로 비스듬히 눕듯이 앉아 음식을 먹었다. 로마인들은 깃털을 갖고 연회에 참석했다. 새로운 음식을 먹기 위해 앞서 먹은 음식을

▲디오니소스 축전─지팡이를 든 디오니소스신을 중심으로 벌거벗은 남녀가 축제를 벌인다. 대영박물관.

토해내는데, 목구멍에 넣기로는 깃털이 제격이었다. 구토제를 먹는 경우도 있었다. 포도주도 많이 마셨다. 노예들이 아예 단지를 메고 다니며 초대손님에게 부어줬다. 대개는 독해서 물을 타 마셨는데 그때나 지금이나 센 사람들은 물을 타지 않고 마셨다. 트라야누스 황제는 스트레이트로 마시는 대표적인 주당이었다. 먹고 마시면서 한담을 나눴다. 그러다 지루해지면 도박이나 게임을 즐겼다.

노예들이 읽어주는 문학작품도 들었다. 노예라고 해서 검은 피부에 힘께나 쓰면서 일하는 사람으로만 생각하면 안 된다. 그리스출신 노예들은 교사나 고용 시인, 문학작품 필기사 등의 교양 있는 일을 맡았다. 이도저도 따분해질 무렵 곡예사들은 고난도의 서커스를 선보였다. 연회의 하일라이트는 여흥을 돋우는 음악. 각종 악기로 아름다운 선율을 들려줬다. '키타라'라고 부르는 현악기 연주는 큰 인기였다. 네로 황제는 키타라를 켜며 자작시를 노래하는데 정열을 쏟았다. 무희들은 흐르는 음악에 맞춰 멋지게 춤췄다. 이집트의 알렉산드리아나 스페인에서 온 야한 동작의 춤이 애간장을 녹였다. 밤이 깊어지면서 분위기가 무르익고 취기가 오른 탓에 가끔 무슨 일이 벌어졌다고 소문만 돌았다. 그렇게 시간가는 줄 몰랐다. 밤늦은 귀가길이 어두워 위험하리라 겁먹을 필요는 없었다. 부유층이 거주하는 큰길엔 횃불 가로등이 밤을 밝혔기 때문이다. 또, 집으로 돌아갈 때 노예가 횃불을 들고 앞장섰다.

이런 연회는 부유층 얘기다. 서민들에겐 화중지병(畵中之餠, 그림의 떡)이다. 서민들은 일이 끝난 뒤 한잔 걸치는 게 고작이었다. 선술집에 들렀다. 폼페이나 에르콜라눔 유적지에 이런 선술집이 그대로 남았다. 호화

연회는 열지 못했지만 하루의 피로를 선술집에서 잡담과 포도주 한잔으로 풀었던 것이다. 식당 유적도 다수 발굴된다. 사냥도 즐겼다. 사냥 가서 짐승을 잡은 뒤 고기를 구워먹었는데 요즘 우리사회 고기 굽는 야유회와 기본 모양새가 같다. 열광적인 축제로는 디오니소스(바쿠스) 제전이 두드러

져 보인다. B.C 3c부터 그리스에서 들어와 열병처럼 번졌다. 비결은 하나였다. 마구 먹고, 마시고, 춤추고… B.C 186년 원로원은 축제의 타락성을 우려한 나머지 광란에 빠진 수천 명을 체포해 일부를 사형시킬 정도였다.

　　부유층의 즐겁고 끈적끈적한 연회는 여성의 참석을 전제로 한다. 이는 여성 주권이 확보돼야 가능하다. 사실 지중해 제국으로 성장하기 전 로마의 풍속은 무척 검소하고, 소박했다. 경건하고 가정과 결혼, 국가에 충실했다. 사회의 기강이 모든 분야에서 살아있었다. 흐트러지지 않았다. 지중해 제국을 완성한 B.C 2c 이후 엄청난 재물

▲연회장면-팬플루트등 악기를 이용해 흥겨운 놀이판을 벌인다. 바르도 박물관.

▲▲술제공-덩치 큰 노예들이 포도주 항아리를 어깨에 메고 다니며 포도주를 따라준다. 바르도 박물관.

▲▲▲키타라연주- 비엔느 박물관.

▲음식제공－노예들이 음식을 나른다. 루브르 박물관.

▲▲주사위 놀이－바르도 박물관.

이 정복지에서 쏟아져 들어오고, 일하지 않아도 먹고살 수 있는 부가 쌓이면서 풍속이 문란해지고 썩어들어 갔다. 특히, 그리스에서 유입된 자유주의적인 사상과 종교, 문학, 희곡, 예술도 로마풍속의 변화를 가져온 주요인이었다. 경건주의자 카토는 그리스문화에 오염된 로마에는 미래가 없을 것이라고 쏘아붙일 정도였다. 그는 대중 앞에서 아내와 키스한 원로원 의원을 내쫓자고 주장할 만큼 엄숙주의자였다. 그러나 금욕주의적 생활에 만족하는 스토아 철학자 몇몇의 노력과 법률로 풍속의 변화를 막기는 힘에 부쳤다.

　　로마의 여성들은 남자에 차별 받지 않고 자유롭게 살기를 바랐다. 가장에게 절대 복종하던 전통은 점차 사라졌다. 상업을 할 경우 아내들이 돈관리를 하거나, 여성 혼자서 식당, 술집, 여관 등을 꾸려나갔다. 남편이 외출하면 저녁에 남자친구들을 집으로 초대해 식사하는 여성도 생겼다. 애인 없이 남편에 만족하는 아내는 좀처럼 찾기 어려운 현모양처라고, 여기저기서 탄식이 새나왔다. 간통사건으로 법정에 서는 예가 늘었다. 옥타비아누

▲주점-한잔하던 오스티아 주점의 카운터다. 하루 고된 일을 끝낸 서민들이 애환을 풀던 선술집이었다.

스 황제는 간통법을 제정할 정도로 타락을 막기 위해 노력했다. 그러나, 스캔들은 황실도 예외가 아니었다. 황후나 황녀마저 난잡한 간통사건에 휘말렸다. 적당했으면 넘어갈 것을. 옥타비아누스는 하나밖에 없는 혈육 율리아와 율리아의 딸 아그리피나를 차례로 법에 따라 유배보냈다. 비분강개하는 견인주의자들의 외침은 언제나 그렇듯 향락의 웃음 저편으로 묻혀버리고 만다.

여성들은 특히 아기낳기를 거부했다. 부유층일수록 낙태를 통해 출산의 고통에서 벗어났다. 간통죄를 만든 옥타비아누스 황제는 출산 장려책도 내놨다. 25세에서 60세의 남자들, 20-50세의 가임여성들은 반드시 결혼하도록 하고 그렇지 않을 경우 여러 불이익을 줬다. 자녀를 셋 이상 낳을 경우 특혜도 부여했다. 그러나, 로마의 명문가들은 하나둘 대가 끊겼다. 1c 말 벌써 이런 현상이 나타났다. 여성들의 입김이 세진 현상은 정치개입으로도 나타났다. 황후들은 정치권력에까지 개입하며 로마를 다스렸다. 옥타비아누스의 황후 리비아, 네로의 새아내 포

▲사냥장면─사냥 가서 잡은 고기를 즉석에서 발라 불을 피운 뒤 지글지글 굽고 있다. 뒤로는 사냥의 여신 다이아나동상이 있다. 피아짜아르메리나.

파에아, 동로마제국 최고의 황제로 꼽히는 유스티니아누스의 황후 테오도라도 남편을 움직였다. 테오도라는 전차경기장에서 야한 차림으로 손님을 끌던 직업출신이다. 네로의 어머니 小아그리피나, 카라칼라의 어머니 율리아 돔나는 아들을 주무르며 정치에 간섭했다.

　　여기서 해동(海東)의 성국(聖國)은 좀 달랐는지, 어떻게 즐기고 살았는지 살펴보자. 신라 말 9c. 향가 '처용가(處容歌)'의 내용. '밤드리 노닐다' 집에 와보니 '가래히 네히어라'. 남자는 밖에서 밤늦게까지 놀고 다닌다. 그사이 아내는 다른 남자와 동침중이다. 물론 상대가 처용부인의 미모를 탐낸 못된 귀신(疫神)이라고 풀이 하지만… 그리스 로마신화에서도 신이 인간과 관계하는 경우가 많다. 신라사회의 여권은 어땠나? 로마에는 여자황제가 없었지만 신라에는 선덕여왕, 진덕여왕, 진성여왕. 로마보다 한단계 더 나갔다.

25. 개방된 성윤리로 삶을 즐긴 유흥시설

– 성을 사고 판 매매춘 업소

여로모로 즐거웠던 로마 상류
층의 여가시간을 알아봤다. 성(性)문
화는 어땠을까? 우문이지만 성을 사
고 파는 문화가 버젓이 자리잡고 있
었다. 해외무역과 활발한 상거래로
돈이 남아돌았다. 물질적 조건의 충
족이다. 원거리 왕래가 잦아 가정을
비우는 경우가 많았다. 생물학적 욕
구다. 여기에 현실을 즐기는 사회분
위기는 도덕적 비난에 대한 면죄부였
다. 로마시대 영화 속에서 가끔 직업
여성들이 검투사나 군인들을 유혹하
는 장면이 나온다. 그러나, 스쳐지나

▲업소 안내 – 폼페
이의 길바닥에 새
겨놓은 남성 상징
은 안내 간판이다.

가듯 구색용으로 넣는 게 대부분이어서 구체적으로 어떻
게 돈을 주고 욕구를 사고 팔았는지 이해하기는 어렵다.
유적과 유물을 통해 직접 살펴보는 것이 더 사실적이다.
관련 유적이나 유물이 풍부하지는 않지만 생생하게 남아
있기에 가능하다.

▲업소안내 – 모로코의 볼리볼리스.

폼페이의 당시 성매매 업소 안내간판은 의외로 간단하고 명쾌했다. 시장과 같다. 생선가게에 생선 새겨놓듯이 남자의 물건을 크게 새겨놨다. 길바닥에 새기는데 성기의 앞쪽이 가리키는 방향이 업소가 존재하는 위치를 가리켰다. 상징표시만 보고 따라가면 된다. 주택가 골목길에 업소가 쉽게 눈에 띄었다. 업소 2층은 골목 쪽으로 베란다가 쑥 내밀고 있다. 이곳에서 여직원들이 고객을 유혹했다. 업소 안으로 들어가면 작은 방들이 밀집해 붙어있다. 방에는 작은 돌침대 하나가 덩그렇게 놓여있다. 비교적 작은 것으로 봐서 로마인들의 체구가 그리 크지 않았던 것 같다.

작은 방에서 뜻하지 않게 이색적인 장면에 부딪친다. 벽에 그려진 그림이 충격적이다. 컬러 프레스코다. 내용은 무척 민망하다. 남녀 행위의 다양한 장면이다. 왜 이런 그림을 그려놨을까? 분위기 돋우려고 그려놓은 측면도 있지만, 여직원이 제공하는 서비스와 기술의 종류를 표시해 놓은 분류표다. 더욱 놀라운 것은 자세에 따라 고객이 치러야할 가격도 달라진 점. 탁월한 상술이다.

로마시대 직업여성들은 국가에 등록하고 관리를 받았다. 칼리굴라 황제는 세금도 매겼다. 때론 멀쩡한 여성도 직업여성이라고 주장할 때가 있었다. 옥타비아누스 황제가 만든 간통죄에 걸리지 않기 위해서다. 간통죄에 걸릴 경우 돈 받았다면 벗어날 수 있었다. 실제 비슷한 방법으로 욕정을 채웠던 여성가운데 대표주자는 클라우디우스 황제의 부인 메살리나였다. 황후는 나이가 많고 몸도 성치 않은데다 너무 공무에만 매달리던 황제가 불만

이었을 것이다. 주
체할 수 없는 기운
이 솟구치는 날이
면 스스로 직업여
성이 돼 업소를 찾
아 손님을 받았다
는 소문이 널리 퍼
졌다. 그것도 등급
이 가장 낮은 싸구
려 판에 가서 거친
남자들과. 황후는
나중에 황제가 황
궁을 비운사이 다
른 남자와 결혼해
버리는 등 정상에
서 한참 벗어난 여
자였는데 결국, 황
제에게 살해당하고
말았다.

◀업소 잔해 - 에페스에
있는 유흥업소의 잔해다.

▲에페스 도서관-도
서관 지하에서 건너
편 업소로 바로 갈
수 있는 지하통로가
있었다.

　　　　폼페이처럼
생생하게 전과정이
남아있지는 않지만 다른 로마도시도 파괴와 훼손의 틈바
구니에서 일부 유적을 전하고 있다. 모로코의 로마도시
볼리불리스에는 폼페이와 똑같은 상징 안내간판이 존재
한다. 카르타고에는 모자이크로 업소 흔적을 알려주는
유적이 남아 있다.

　　　　터키 에페스도 마찬가지다. 에페스는 로마시대
부유한 지역으로 손꼽혔다. 당연히 극장, 저택, 신전, 포
럼 등의 대형 건축물이 다수 들어섰다. 특히, 로마시대 학

문의 융성을 알려주는 거대한 켈수스 도서관건물은 로마
문화의 자랑거리일 정도다. 문제는 학문의 전당 도서관
과 유흥업소가 밀접한 관계에 있다는 점이다. 좀 특수한
상황을 후세에 전하는데…

　　최고의 학문을 자랑하는 도서관 바로 앞이 유흥
업소였다. 그것도 거대한 업소. 남아있는 유적으로 추정
해보니 2층 건물에 방이 40개였다. 도서관에서 업소까지
직선으로 백여m 거리다. 업소출입을 위해 묘안을 냈다.
도서관에서 업소로 연결되는 지하통로가 주인공이다.
슬그머니 지하통로를 이용해 업소로 방향을 틀면 감쪽
같다.

　　이 문제와 관련해 한국사회를 서구사회와 좀더
비교하지 않을 수 없다. 무형문화재인 노래가 남았다. 백
제가요 '정읍사' 가 떠오른다. 백제시대부터 구전되다,
백제가 멸망한 뒤 신라시대 경
덕왕 때 채집한 것으로 보인다.
행상 나가 돌아오지 않는 남편
을 기다리며 부르는 노래다.
'즌대를 디디올세라'. '즌대'
가 그런 곳을 가리킨다는 추정
이다.

　　13c말 충렬왕 때 고려
가요 쌍화점(雙花店)은 유흥업
소 여종업원이 자신의 신세를
술상의 젓가락에 비유한 노래
다. 서역에서 온 색목인이, 몽
고군이, 기타 남정네들이 젓가
락 잡듯이 집으면 집혀 가는 신
세를 읊었다.　이런 풍조는 조

▲폼페이 업소건물-여성들은 툭 삐져 나온 2층
베란다에서 고객을 유혹했다.

선시대 엄격해진다. 기생과 사대부의 관계가 시를 짓거나 노래를 부르는 예술적 측면으로 바뀌었다. 조선의 유학자들이 금욕주의자여서 그런 점도 있고, 근본적으로는 상류층의 경우 당시 공식

▲정사장면- 정사장면의 자세가 모두 다르다. 그림을 보고 고객이 요구하는 자세대로 해주는데 가격이 달랐다. 폼페이.

▲업소골방- 좁은 골방들이 다닥다닥 붙어있다. 돌침대 하나 덜렁 있다. 방도 좁고 침대도 무척 작다. 폼페이.

▲정사장면- 프레스코. 나폴리 박물관.

적으로 첩을 둘 수 있었던 측면이 크다. 또 관리들은 지방의 임지로 혼자 내려가더라도 관기를 가까이 할 수 있었다.

그러다, 19c말 일제가 침략해 들어오면서 주요 항구 주변에 일본식 유곽(遊廓)을 조성했고, 전국으로 퍼졌다. 이때부터, 정서적인 교감은 뒤로한 채 육체거래를 우선 목적으로 삼는 성매매 문화가 자리잡았다.

26. 인생무상, 한줌 흙 무덤

-- 영혼의 쉼터 고분유적

인생의 끝에서 가는 곳은 무덤이다. 가난한 자들은 목관, 부유층은 석관에 시신을 넣었다. 화장한 뒤 유골만 안치하는 경우도 있었다. 명문가족은 주택이나 신전, 석탑모양의 고분을 만들었다. 또, 지하나 계곡에 석굴을 파 무덤을 만들기도 했다. 카타콤브다. 카타콤브는 기독교인들이 훗날 감시를 피해 예배를 보던 장소로도 활용됐다.

공동묘지는 항상 도시의 성문밖에 됐다. 특기할 만한 것은 길옆에 고분을 만든 점이다. 다른 도시로 연결되는 도로변에 비석을 세우거나 고분을 만들어 고인을 기렸다. 아피아 가도가 그랬다. 폼페이에 가보면 아직도 도로 옆으로 마치 일반 주민들이 거주하거나 사용하는 건물처럼 조성한 고분군을 생생하게 살펴볼 수 있다. 로마가 지배했던 지중해 전역에는 신전형태나 탑 모양의 고분, 그리고 카타콤브가

▲고분 속 유골과 부장품-앙카라 국립박물관에 복원해 놓은 로마시대 고분이다.

그대로 남아 로마장묘 문화를 전한다.

　　황제들을 위한 합장묘는 압도적으로 컸다.
초대황제 옥타비아누스는 티베레 강가에 자신은 물
론 로마를 위해 몸바친 사람들을 안장할 황제묘(마
우솔레움 아우구스티)를 건설했다. 백여 년을 지나
면서 이곳이 꽉 차자 2c 하드리아누스 황제는 새로
운 황제묘를 만들었다. 2호 고분인 셈이다. 오늘날
산탄젤로(천사의 성, 하드리아누스 황제와 부인 사
비나, 하드리아누스의 양자로 일찍 죽은 아일리우

▲산탄젤로 – 하드리
아누스가 건설한 티
베레 강변 황제묘.

◀무덤의 거리 – 로마
는 공동묘지를 길을
따라 양옆에 일반 건
물처럼 만들었다. 폼
페이.

스 카이사르 등이 들어갔다)로 불린다. 디오클레티아누스
황제로부터 제국을 나눠 물려받은 갈레리우스 황제도 4c
초 그리스 케살로니케에 로마(Rome)의 황제묘를 닮은 원
형고분을 건축했다.

　　고분에 들어가는 석관(Sarcophagus)은 다른 어느
문명권에 비교해도 뒤지지 않을 만큼 훌륭하다. 에트루
리아, 그리스, 에게해, 오리엔트의 선진 문명권을 압도한
다. 현란하고, 아름다운 조각이 석관표면에 가득하다. 뛰
어난 예술품으로 평가해도 손색없다. 최고의 정성을 기

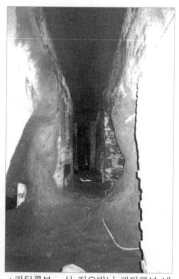

▲미이라 관-로마는 이집트를 점령한 뒤 이집 ▲카타콤브- 산 지오반니 카타콤브 내
트의 전통을 수용했다. 루브르 박물관. 부.

울여 새긴 돋보이는 작품이다. 전투장면이나 신화, 역사,
생전의 업적을 기리는 내용이 주를 이룬다. 등장인물 하
나 하나가 살아 숨쉬며 금방이라도 관에서 튀어나와 전
쟁터로 달려가거나 시장에 장보러 갈 태세다. 생동감이
흘러 넘친다. 석관 부조의 사실적인 표현은 몇 번을 다시
봐도 감동을 자아내기에 충분할 만큼 빼어나다. 카이사
르가 이집트를 정복한 뒤로 이집트에 간 로마인들은 이
집트 풍속을 따라 시신을 미이라로 만들었다. 석관이나
나무관에는 죽은 사람의 가장 아름다운 얼굴을 컬러로
그려 넣었다. 석관조각은 예술의 경지를 넘어 또 하나 중
요한 기능을 갖는다. 역사를 전해주는 고귀한 유물이다.
조각내용에서 당시 생활문화상을 들여다 볼 수 있다. 과
거와 현재를 연결해주는 교량이다. 찬란했던 나일, 메소
포타미아, 인더스, 미케네, 히타이트, 페니키아, 에트루리
아, 페르시아 등도 마찬가지로 모든 문명의 실체는 고분
을 통해 드러났다. 고분의 역사학이다.

▲신전형태-아주 부유한 유력층 집안이 사용했다. 여러 세대에 걸친 가족무덤이다. 터키 히에라 폴리스.

▲탑 모양-튀니지 두가. 내부에 석관을 뒀다.

▲봉분형-우리나라에서 보는 것과 똑같은 봉분형 고분이다. 아래 둘레석을 치고 그 위에 흙봉분이다. 봉분 위에 남자 상징이 우뚝 솟았다. 번영을 기원한다. 히에라폴리스.

▲영묘형-프랑스 글라눔에 있는 이 로마무덤은 원형기둥을 사용해 독특한 인상을 준다.

▲절벽-터키 남부 지중해안에 면한 달얀 지방의 고대도시 카우노스에 있다. 절벽 한가운데를 파고 만들었다.

◀로마석관-아프로디시아스 유적지 야외전시장에 보관중인 로마 석관들이다.

▶피라미드형-시리아에 있는 로마시대 가족무덤이다. 안으로 들어가면 여러개의 방이 층별로 나뉘어있다.

◀알렉산더 석관-우리 전통 한옥과 비슷해 놀랍다. 이스탄불 고고학 박물관. 19c 당시 오스만 투르크의 관할아래 있던 레바논땅에서 발굴했다. 알렉산더 대왕의 유골을 담은 석관인지는 불분명하다. 단지, 알렉산더가 페르시아군과 싸우는 장면이 조각돼 있어 그렇게 부른다.

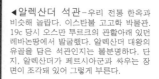

▶재산 소개-이스탄불 고고학 박물관. 살아생전 석관의 주인이 소유했던 각종 물건을 새겨놨다. 석관이 부의 과시수단이었음을 나타내준다.

27. 흔들리는 제국을 지탱한 성벽

-- 이민족의 침입을 막아라

1)성벽

　천년왕국은 없다. 로마도 서서히 저물어 갔다. 로마는 침략 받고, 남을 침략하면서 전쟁으로 일관한 군단의 역사, 전쟁의 역사다. 로마가 강할 때는 아무 문제가 되지 않고 승리만 이룩했던 전쟁. 그러나 말기로 가면서 로마는 흔들리기 시작했고, 도시와 국가를 안전하게 보호하는 일이 발등의 불이었다. 이민족의 공격을 막아줄 성벽(城壁)이 하나둘 모습을 드러냈다. 일찍이 로마는 B.C 6c 2대 에트루리아왕 세르비우스 때부터 로마(Rome)를 둘러 성벽을 쌓았다. 로마가 약자의 위치에 있던 당시로서는 당연한 조치였다. 그러나, B.C 2c 이후 제국으로 성장하면서 상황은 바뀌었다. 최강 로마의 수도를 넘볼 국가는 없었다. 카이사르는 로마(Rome)시내 성벽을 헐고 새로운 도시 건축물을 지을 정도였다. 로마(Rome)는 성벽 없이 수백 년을 살았다. 상황은 다시 바뀌는데, 게르만족의 위협이 극에 달하던 3c다.

　271년에서 275년 사이 길이 19km, 높이 6m의 거

◀아우렐리아누스 성벽 – 로마(Rome)

◀페르게 성벽 – 큰돌을 정교하게 쌓아 올렸다. 터키.

◀오떵 성벽 – 잔벽돌로 쌓았다. 프랑스.

대한 성벽이 로마(Rome)에 들어섰다. 제국의 심장부를 완전히 둘러싼 아우렐리아누스 성벽이다. 성벽에는 모두 18개의 성문을 설치해 유사시 통제장치로 삼았다. 적의 침입과 동태를 감시할 망루는 성벽을 따라 381개나 세웠

▲런던 성벽-영국 템즈강가에 있다.

다. 아우렐리아누스 성벽은 이미 로마(Rome)가 수도로서의 기능을 잃었던 306년부터 312년 사이 막센티우스 황제 때 더 높이 올라갔다. 지금도 거대한 잔해가 남아 이민족의 공포에 시달렸던 로마말기의 실상을 엿볼 수 있도록 해주는 것은 이때의 증축공사 덕분이다. 수도에 성벽을 쌓은 아우렐리아누스 황제는 제국내 모든 속주에도 각 도시는 스스로 자기보호용 성벽을 건축하라고 지시했다.

　　　로마(Rome)의 아우렐리아누스 성벽과 함께 도시 성벽으로 보존상태가 가장 좋은 곳은 프랑스 오땅의 성벽이다. 로마시대 아우구스토두눔으로 불린 오땅의 성벽은 시가지를 아직까지 보자기처럼 6km나 둘러싼다. 성벽을 따라 23개의 원뿔형 간이망루가 남았다. 원래는 53개였다. 오땅 로마성벽의 두께는 2-2.5m, 현재 남아있는 성벽의 높이는 평균 11m다. 벽돌에 모르타르를 견고하게 붙인 축조공법이다. 오땅 남부 아를르에도 로마성벽과 망루가 훌륭하게 보존돼 있다. 런던시내 한복판에서도 로마시대 만든 성벽을 만난다. 템즈강이 한눈에 내려다

보이는 장소로 중세 영국의 상징인 런던 타워에서 시가지 방향으로 100m 지점이다.

콘스탄티누스 황제 때 로마의 수도였고, 이후 천백년동안 동로마의 수도이자 유럽 최대의 도시로 군림했던 콘스탄티노플의 성벽은 아주 인상적이다. 아시아와 유럽을 가르고, 흑해에서 지중해로 빠져나오는 유일한 출구라는 지정학적 위치 때문에 숱한 전쟁의 무대가 됐던 보스포러스 해협에 자리한다. 동로마제국 테오도시우스 2세의 이름을 따 테오도시우스 성벽이라 부른다. 기독교를 국교로 삼은 테오도시우스 황제의 손자인 테오도시우스 2세는 작은아버지 호노리우스 황제가 다스리는 서로마가 이민족의 말발굽 아래 초토화되는 모습에 기가 질려 거대한 성벽을 생각해 냈다. 5c 초 건축한 성벽은 지금도 위용을 자랑한다. 서로마가 멸망한 뒤 동로마는 엄청난 외부공격에 시달렸다. 게르만족, 사산조 페르시아, 이슬람 세력의 공격을 받았지만, 중세 기독교세계 최대의 도시로 군림하며 버텨낼 수 있었던 비결은 바로 테오도시우스 성벽이다.

로마 성벽 가운데 하드리아누스 황제가 2c 초 스코틀랜드 켈트족을 막기 위해 브리타니아 북방에 쌓은 성벽을 지나칠 수 없다. 길이 117 km, 높이 6.5m, 넓이 3m의 대장벽은 이보다 300년 앞서 중국 진나라 시황제가 흉노족을 막기 위해 쌓은 만리장성(萬里長城)과 비교할 수 있다. 규모는 만리장성이 압도적으로 크지만… 재미있는 것은 만리장성을 쌓게 만든 흉노족이 4c

▲ 망루–자연 암벽 위에 만든 아틀르 성벽의 망루다.

게르만족의 대이동을 촉발시킨 훈족이란 점이다. 만리장성에 막히고 한나라에 쫓긴 흉노족이 서쪽으로 대이동하자 게르만족이 공포를 느껴 로마제국안으로 연쇄이동하면서 로마의 명줄을 앞당겼다. 중국은 4, 5c 만리장성을 넘어온 이민족들에게 나라를 빼앗겨 5호16국 시대를 맞았다. 로마 역시 이민족의 침입에 시달리다 410년 마지막 군단이 배를 타고 떠나면서 브리타니아를 잃었다. 수많은 민중들 뼛골 뺐던 거대유적들은 그래서 더 무상하다.

▲콘스탄티노플 성벽─보스포러스 해협을 따라 길게 설치한 바닷가 테오도시우스 성벽이 아직도 훌륭하게 남아 있다.

▲셀리눈테 성벽─B.C 5c 처음 축조한 이후 지속적으로 보수 복원된 성벽이 길게 늘어서 있다.

　　사실 성과 성벽은 로마이전 문명에서부터 강력하고도, 거대한 모습으로 존재했다. 로마는 동방의 문명 선진국들로부터 전수돼온 성벽 건축기법을 발전시킨 것이다. B.C 2천500년 전 인더스문명의 중심지 모헨조다로를 발굴한 결

▲미케네 성벽과 성문─B.C 천500년 경 거대한 돌덩이와 사자문이 인상적이다.

과 견고한 성벽으로 둘러싸여 있었음이 확인됐다. 그리스신화에 나오는 트로이 역시 성곽도시다. 트로이처럼 역시 독일인 하인리히 슐레이만이 발굴한 그리스 미케네 문명의 중심지 미케네도 B.C 천500년 성벽을 둘러친 요새국가였다. 터키 하투사에도 B.C 18c 이후 강대국으로 위세를 떨쳤던 히타이트의 성벽이 남아있다. 이 유적들 앞에서면 육중한 돌덩이보다 2천년, 3천년이라는 시간이 더 무거워 보인다.

2)성문

아무리 튼튼하게 지은 성벽도 외적의 침입을 막아주지는 못한다. 성벽을 새 주인이 고쳐 쓰지만 때가 되면 다시 주인이 바뀐다. 그 어느 유적보다 승리와 패배의 무상함을 말없이 들려주는 성벽 군데군데에는 성문이 있다. 도시민 통행과 통제의 수단이다. 적이 쳐들어오면 잠가 도시자체를 요새로 둔갑시킨다. 상징적인 의미를 갖는 개선문이 무척 화려한데 비해 성문은 소박하다.

▲산 세바스티아노 성문-로마(Rome) 아우렐리아누스 성벽에 있다.

로마(Rome)의 산 세바스티아노 성문

▲제라쉬 성문–성벽에 붙어있는 3쪽 아치구조의 성문이다. 가운데 큰 아치는 마차, 양쪽의 작은 아치는 보행자용이다.

▲셍뜨 성문–프랑스 남서부 셍뜨에 남아있는 도시문이다. 흠잡을 데 없이 완벽하고 아름다운 외관을 2천년 넘게 유지하고 있다.

▲히에라 폴리스 성문–터키 파묵칼레.

◀안탈랴 성문–터키 안탈랴의 하드리아누스 황제문이다. 바닥엔 로마 도로가 남아있다.

▲산 마죠레 성문－성문 밑으로 로마 도로도 보인다.

은 3c 아우렐리아누스 성벽에 만든 16개 성문 가운데 하나로 아피아 가도와 붙어있어 원래 아피아 성문이라 불렀다. 그러나, 중세 기독교 성자 세바스티아노의 묘지로 가는 길목이어서 이름이 바뀌었다. 거대한 망루 2개를 양쪽으로 거느린 채 육중한 성벽을 이고 천 8백년을 버티고 있다. 지금 모습은 5c 초 게르만족의 침입이 격화되면서 서로마 호노리우스 황제 때 개축한 결과다.

　　　이밖에도 지중해 곳곳에 로마시대 성문이 상처받은 제국의 운명을 상징하듯 풍상을 겪으며 하루하루 낡아간다. 성문은 보통 아치가 하나이거나 아니면 3개다. 가운데 아치로 마차가 드나들고 양쪽으로 인도다. 그런데, 프랑스 오떵 성벽의 성문은 독특하다. 아루(Arroux) 강 앞에 만들어 아루강문(Porte d' Arroux)이라 불리는 성문은 아치통로가 4개다. 주통로 2개는 너비 4.6m, 높이 7.9m로 마차가 왕복으로 다녔다. 옆으로 붙은 작은 보조통로 2개는 높이 5.1m로 사람이 다니는 인도였다. 마차와 사람이 다니는 길이 다를 뿐 아니라 왕복차선을 구분한 4개의 통로에서 실용성이 돋보인다.

28. 피할 수 없던 제국쇠퇴의 운명
-- 제국의 몰락을 가져온 무능력한 세습통치

　　　　견고했던 성벽과 성문을 뒤로한 채 제국은 쇠퇴의 길을 걸었다. 로마가 쇠망해진 원인을 어디서 찾아야 할까? 여러 요인 가운데 절대권력의 세습을 살펴본다. 로마가 제국으로 성장한 것은 공화정이 견실하게 운영되던 때다. B.C 2c말 지중해 제국을 완성할 때까지 누구나 공화국의 건전한 정치 룰을 따랐다. 그러나, 제국을 이루고 적이 없어진 상황에서 달라졌다. 적국을 제압해 조국의 위신을 세운 장군들이 독재의 유혹에 빠져들었다. 독재의 씨는 마리우스가 뿌렸다. B.C 100년 2번으로 제한된 집정관직에 무려 6번이나 내리 당선됐다. B.C 88년엔 마리우스의 부관이던 술라가 마리우스에 대항해 일어났다. 어제까지 한편이던 동지끼리 패 갈라 피 뿌리는 내전이 싹텄다.

　　　　승자 술라가 독재에서 물러난 자리에 폼페이우스와 크랏수스, 카이사르가 덤벼들었다. 공화정을 3자 과두정치체제로 바꿨다. 카이사르는 폼페이우스와 내전을 치른 뒤 종신 독재자 자리에 올랐다. 카이사르가 공화파에게 암살된 혼란기에 그의 상속자 옥타비아누스가 안토니

▲옥타비아누스 황제- 아테네박물관에 있는 청동상.

▲네로 황제- 대영박물관. 청동상. 어머니를 죽이고, 남자와 결혼하고, 전차경기 마부역할을 맡아 광분했다.

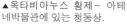

▲트라야누스 황제- 대영박물관.

우스를 물리치고 전권을 거머쥐었다.

옥타비아누스는 B.C 27년 황제 자리에 올랐다. 로마에서 B.C 509년 이후 사라졌던 왕정제의 부활이다. 독재는 절대권력을 낳고, 절대권력은 사유화로 이어진다. 사유화에서 빚어질 수 있는 최악의 권력이양 형태가 세습제다. 지구상 동서고금을 통틀어 왕정제는 대부분 세습제로 갔다. 절대권력자의 자식이란 이유로 권력을 이어받는 세습제는 무능해진다. 능력검증 없이 대물림 하기 때문이다. 하나의 태양만 바라봐야 하기 때문에 합리적 국정 운영이 사라진다. 아부와 부패만이 어지럽게 춤춘다. 나아가 쿠데타 즉, 반란이 일상화된다. 힘으로 권력 잡는 것을 본 사람들이 권력에 눈멀어 너도나도 칼 들고나서는 것은 당연하다. 국가질서는 무너지고 혼란에 빠진다. 세습왕조 안에선 세습 받으려는 자들끼리 가족 간 살인극도 치열해진다. 외국의 침략 없이도 때가 되면 왕조는 무너진다.

옥타비아누스의 제위를 물려받아 첫 세습 계승자가 된 티베리우스 황제부터 모든 증상이 한꺼번에 나타났다. 공화정 시절 문(文)우위로 원로원이 군을 통솔했지만 황제정으로 오면서 민주적인 질서와 법의 지배가 붕괴되고 칼 가진 군(武)이 대세를 틀어쥐었다. 독선과 음모, 그리고 칼이 권력을 유지해주는 유일한 도구였고, 또 권력

▲안토니누스 황제 신전-로마황제 가운데 가장 훌륭한 인격을 지녔던 황제로 평가된다. 로마(Rome)포럼.

▲하드리아누스 황제-루브르 박물관.

▲코모두스 황제- 카피톨리나 박물관.

▲마르쿠스 아우렐리우스 기마상-그리스어로 명상록을 쓸 정도로 학문과 철학을 사랑했던 황제다.

을 무너트리는 수단이었다. 옥타비아누스 이후 A.D 96년 12대 도미티아누스 황제가 살해될 때까지 123년 동안 11명의 황제 중 자연사한 사람은 옥타비아누스와 베스파시아누스, 티투스 3명에 불과하다. 나머지는 독살로, 목

졸려, 칼에 찔려, 자살로, 의문사로 생을 마쳤다. 옥타비아누스의 외증손자 칼리굴라 황제가 암살 당할 때 근위병은 황제의 목을 치고 황후도 처치한 것은 물론 1살짜리 딸은 하수도에 넣었다. 네로가 죽고 난 69년엔 무려 4명의 군인황제가 서로 죽이며 나타날 정도였다. 칼리굴라, 네로, 도미티아누스는 사후 기록말살형에 처해져 그들에 관한 모든 업적과 기록이 로마역사에서 사라졌다. 독재와 세습의 폐해를 깨닫지 못한 카이사르나 옥타비아누스 독재정치의 결과다.

로마에 다시 생명력을 불어넣은 예외는 있었다. 96년 원로원의 지명으로 황제가 된 네르바부터 트라야누스, 하드리아누스, 안토니누스 피우스를 거쳐 180년 철인(哲人)황제 마르쿠스 아우렐리우스(루키우스 베루스와 9년간 공동 황제)가 숨질 때까지다. 흔히 황금시대로 불린다. 로마황제 가운데 최고 정복자로 불리는 트라야누스 때는 동방을 정벌해 제국의 영토를 최대로 넓히기도 했다. 안토니누스 피우스의 경우 외국 침략도 중지하고 원로원과 협력하며 최고의 현자로 불렸다.

왜 이때 로마가 반짝했는가? 세습이 아니라 검증된 후보자를 황제가 양자로 삼아 원로원 추인으로 즉위시키는 그나마 합리적인 제위 잇기가 이뤄졌기 때문이다. 로마가 건국된뒤 로마계열 4명의 왕과 에투루리아 계열 3명의 왕이 지배하던 250여년간의 왕정과 비슷한 방식이었다. 그러나, 마르쿠스 아우렐리우스가 친아들 코모두스를 제위에 올려 다시 세습제로 가면서 무능력과 음모와 협잡이 되살아났다. '로마제국의 멸망' 이나 최근 개봉한 '글라디에이터' 의 영화들은 명상록의 저자인 철학자 마르쿠스 아우렐리우스 황제가 능력있는 장군에게 제위를 물려주려 했지만 암살 당하고 친아들 코모두스가 이를 가로챈 것처럼 묘사하고 있다. 어디까지가 진실인지는 모른다. 19살에 불과했던 코모두스가 과연 그럴 수 있었을까?

▲트라야누스 기둥─트라야누스 황제가 루마니아 지역 다키아를 점령하고 기념으로 세웠다.

아우렐리우스 황제는 전황제인 안토니누스 피우스의 딸 파우스티나와 결혼해 14명의 자식을 낳았는데 코모두스는 그중 10번째이고 유일하게 살아남은 아들이었다. 아우렐리우스는 전황제들의 예에 따라 후계자를 지명했어야 하는데 그러지 않았다. 머리 빈 로마 황실에 지식과 사색을 가져오더니 독재까지 가져다 준 셈이다. 코모두스는 자신을 헤라클레스로 여기고 검투경기에 몰두하면서 엉터리중의 엉터리 황제로 12년 동안이나 제위에 있다 암살당했다.

이후 로마제국은 사실상 건강을 잃었다. 조상이 여기저기서 빼앗아 물려준 땅에서 소작료 받아 연명할 뿐이었다. 3c 이후 황제는 노예, 농민, 직공계급 출신에서 많이 나왔다. 정상적인 공화정의 절차로 그랬다면 얼마나 소망스러운가? 그게 아니라 군에 들어가 공을 세운 뒤 적당한 때 칼로 권력을 쥐었다면 얘기가 달라진다.

29. 수도이전과 제국분할, 마침내 멸망

-- 서로마 제국, 끝내 역사의 뒤안길로

▲발레리아누스 황제의 패배 – 포로가 된 로마황제가 토가를 입은 채 무릎을 꿇고, 사산조 페르시아의 샤푸르 황제가 말 위에 올라앉아 항복을 받고 있다. 알렉산더가가 파괴한 고대 페르시아의 수도 페르세폴리스 옆에 있는 나크쉬 로스탐 유적지 암벽에 깍은 사산조 페르시아의 부조유적이다.

파르티아를 멸망시킨 사산조 페르시아와 게르만
족의 침입은 치명적이었다. 페르시아는 로마가 전쟁을
벌여 이겨보지 못한 유일한 국가다. 251년 데키우스 황제는 전투에서 패한 첫 로마황제로 명예롭지 못한 이름을 남겼다. 260년 황제 발레리아누스는 사산조 페르시아왕 샤푸르에게 포로로 잡혔다. 전투에서 숨지는 황제는 나왔지만 치욕적인 포로는 처음이자 마지막이었다. 로마제국은 흔들렸다.

▲갈레리우스 황제의 승리-로마군대가 페르시아 군대를 물리치는 장면이다. 테살로니케.

284년엔 해방노예의 아들 디오클레티아누스 황제가 제위에 올라 제국의 수도를 로마(Rome)에서 소아시아 니코메디아로 옮겼다. 그는 막시미아누스를 자신과 동격의 황제로 세워 2명의 황제(아우구스투스)체제로 로마를 이끌었다. 또, 황제 밑에 2명의 부황제(카이사르)를 둬 4명이 제국을 갈라 다스렸다. 국경을 튼튼하게 지켜야 한다는 명분이었고, 실제 권력을 분산하므로써 큰 도움이 됐다. 디오클레티아누스는 약속대로 20년만 제위에 머무른 뒤 권좌에서 내려

▲테살로니케 갈레리우스 묘와 개선문-시내 중심가에 있는 갈레리우스 황제 개선문과 뒤편으로 갈레리아누스 황제 고분이다.

와 농사일로 돌아갔다. 디오클레티아누스 이후 왕년의 수도 로마(Rome)는 쇠락의 길을 걸었다. 제국의 탄생지요, 최고 최대 규모로 상징적인 지위를 누렸지만 정치적으로는 의미를 잃었다. 밀라노와 오늘날 독일의 트리어, 유고의 베오그라드, 불가리아의 소피아 등이 주요한 도

시로 부상했다.

293년부터 디오클레티아누스의 부황제로 있던 갈레리우스는 특히 테살로니케를 수도로 삼고 대단위 건축에 나섰다. 갈레리우스는 사산조 페르시아를 다시 제압하는 등 잠시 안정기를 맞았으나 치명적인 병에 걸려 그만 일찍 죽고 말았다. 그는 기독교도를 탄압한 것으로도 유명한데 죽기 전 기독교 탄압 중지를 명했다. 죽기 전에 신념을 바꾸는 사람을 목격하기는 역사에서 드물지 않다. 로마가 조직적으로 기독교를 탄압한 것은 3c말에 가서다. 탄압의 명분은 종교적인 이유가 아니라 명령 불복종이나 공공질서 유지였다.

갈레리우스가 죽은 뒤 4개 지역에서 시차를 두고 6명의 황제가 나서며 극도의 혼란을 빚었다. 다행히, 306년 브리타니아 요크 지방에서 거병한 콘스탄티누스가 경쟁자들을 차례로 물리치고 통일로마를 세워 병상에 누운 늙은 로마의 운명을 조금 더 연장할 수 있었다.

콘스탄티누스는 로마역사에서 가장 기억에 남을 2가지 족적을 남겼다. 우선, 기독교의 공인이다. 312년 로마(Rome) 밀비오 다리에서 막센티우스를 물리치고 로마제국 서부지역을 차지한 콘스탄티누스는 313년 당시 수도 밀라노에서 제국의 동부를 장악하고 있던 루키우스 황제와 사이좋게 제국을 나누기로 약속했다. 동시에 기독교인들의 몰수 재산을 돌려주고 기독교도 기존의 로마국교와 대등하게 인정한다는 밀라노 칙령을 내렸다. 로마시대 황제는 신과 동격이었으나 콘스탄티누스는 스스로 신이 아니라 평신도에 대한 관

▲콘스탄티누스황제－기독교를 인정해 기독교 국가로 만든 장본인이다.루브르 박물관.

리권을 가진 주의 종일뿐
이라고 낮췄다. 두 번째
족적은 324년 콘스탄티노
플의 건설이다. 콘스탄티
누스 황제는 20년 넘게 통
치하면서 딱 한번 로마
(Rome)를 방문했을 뿐
330년 콘스탄티노플을 수

▲밀비오 다리-콘스탄
티누스 황제가 막센티
우스를 물리친 전쟁터
가 바로 밀비오 다리다.

도로 삼고 다스렸다. 337년 죽은 뒤 묻힌 곳도 콘스탄티
노플이다. 콘스탄티누스 황제는 자신의 아들 3명과 조카
2명, 이렇게 5명에게 로마제국을 갈라 준다고 유언했지
만, 왕자의 난과 대살인극을 거쳐 콘스탄티우스 2세가 통
일을 일궈냈다.

　　　그러나, 361년 콘스탄티우스 2세가 죽으면서 암
운이 몰려왔다. 제위에 오
른 콘스탄티누스 가문의
마지막 황제 율리아누스
가 페르시아와의 전쟁에
서 창에 맞고 갑자기 숨졌
다. 364년 등장한 직공의
아들 발렌티니아누스 황
제는 동생 발렌스를 동로
마의 동료황제로 삼아 로
마를 다시 동서로 분리시
켰다. 동로마의 발렌스황
제가 고트족과 싸우다 불
에 타 숨진 뒤 테오도시우
스 장군이 379년 동로마
황제 자리에 올랐다. 테오

▲테오도시우스 황제 가족-이스탄불

228

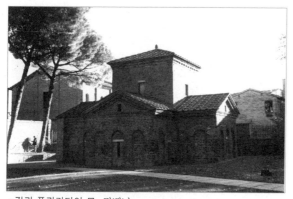
▲갈라 플라키디아 묘-라벤나

도시우스 황제
즉위는 끊어지려
던 로마의 숨통
을 로마인의 손
으로 잠시 연명
시킨 마지막 처
방이었다. 테오
도시우스 황제는
서로마 그라티아

누스 황제를 암살한(383년) 막시무스의 반란군을 387년
섬멸했다. 이어 막시무스를 피해 자신에게 도망쳐 와있
던 그라티아누스의 동료 황제 발렌티니아누스 2세를 다
시 서로마 황제로 돌려놨다. 이어 테오도시우스 황제는
391년 기독교를 국교로 삼았다. 이제부터 로마의 역사는
기존의 로마와 완전히 구분된다. 기독교국가로 전환과
로마제국의 주력이 서로마에서 동로마로 완전히 옮겨간
점이다.

테오도시우스 황제는 394년 발렌티니아누스 2세
암살자들을 진압하면서 잠시 동서 통일을 이뤘지만 1년
뒤 밀라노에서 갑자기 죽었다. 그의 18살짜리 큰아들 아
르카디우스가 동로마, 11살짜리 작은아들 호노리우스가
각각 서로마를 맡아 다스렸다. 이후 로마는 다시 통일되
지 못했다.

외부 상황은 더욱 나빠졌다. 401년 게르만족의
일파인 고트족이 트라키아 지방으로 침략해 들어왔다.
위기를 느낀 서로마는 이민족 출신 명장 스틸리코의 제
안으로 403년 수도를 밀라노에서 방어에 좋은 라벤나로
옮겼다. 그렇다고 로마에 새로운 힘이 생긴 것은 아니었
다. 410년 서고트족 알라릭은 로마(Rome)를 약탈했다.

로마(Rome)의 약탈은 B.C 390년 갈리아에서 넘어온 켈트족에게 유린당한 뒤 8백년만에 처음이었다. 비록 수도는 아니었지만, 로마(Rome)불패의 신화가 무너지는 현실을 로마인들은 그저 참담하게 지켜볼 뿐이었다.

한(漢)나라에 밀려 서쪽으로 움직였던 흉노(匈奴)족. 동유럽과 러시아에 이르는 대제국을 건설하며 서양에서 훈(Huns)족으로 불린 이들은 450년 아틸라 주도로 대대적인 공격을 감행했다. 라벤나에 숨어있던 서로마 황실은 고트족의 침입 때도

▲갈라 플라키디아 석관-테오도시우스 황제의 딸로 호노리우스 황제의 이복여동생인 갈라 플라키디아는 서고트족 왕 알라릭과 결혼해야 했고, 갈라 플라키디아의 딸 호노리아는 훈족의 아틸라왕과 결혼했다. 비극의 로마말기 황녀들이다.

그랬지만 아름다운 황녀를 아내로 바쳐 위기를 모면하는 게 전부였다. 로마의 명문가는 다 끊긴 가운데 로마를 지탱할 로마인은 더 이상 없었다. 단지 이민족 출신의 뛰어난 명장들이 산소호흡기 역할을 하며 끊어지려는 목숨을 되살려보려 힘썼다.

그러나 서로마의 무능력한 세습황제들은 이들을 반란죄로 처벌했다. 동서로마가 서로 갈등하며 음모와 협잡을 벌인 결과이기도 하지만 장군들의 세력이 커지는 것을 두려워했기 때문이다. 호노리우스는는 스틸리코 장군을 죽였고, 발렌티니아누스 3세는 갈리아에서 아틸라를 물리친 아에티우스 장군을 죽였다. 그러자 이민족 장군들이 로마에 등을 돌렸다. 아에티우스의 부장들은 455년 발렌티니아누스 3세를 암살했다. 이로써 테오도시우스 왕조가 끊겼다. 동로마에선 이미 450년 테오도시우스

2세가 죽으면서 테오도시우스 왕조가 끊어진 상태였다.

서로마는 이제 파산절차만 남겨 놓았다. 서로마제국의 영토는 차츰 게르만 민족의 수중으로 떨어졌다. 골은 프랑크와 부루군트, 알레마니. 이베리아반도는 고트와 수에비. 브리타니아는 앵글로-색슨. 북아프리카는 반달족이 차지했다. 서로마의 속주는 완전히 사라졌다. 이베리아 반도를 돌아 아프리카를 차지한 뒤 로마(Rome)로 온 반달족은 겐세릭의 지도아래 알라릭의 고트족에 이어 로마(Rome)를 철저하게 파괴, 약탈했다. 반달리즘(Vandalism)이 야만적인 파괴주의를 상징하는 말이 된 이유다. 동로마제국 황제나, 이민족 장군들이 내세운 서로마 황제는 꼭두각시 역을 맡았을 뿐이다.

그렇게 20여 년이 흐른 뒤 476년 9월 4일 용병대장 오도아케르는 16살짜리 서로마 황제 로물루스 아우구스툴루스를 유폐시키고 서로마제국의 문을 내렸다. 이어 동로마황제 제노에게 로마제국의 상징인 독수리 문장을 건네주고 서로마제국이 끝났음을 알렸다. B.C 753년 로물루스로 시작해 천 2백29년 만에 로물루스로 끝난 인연이 기이하다. 이름을 바꾸지 않은 채 이렇게 오랜 기간 지속된 나라는 일본(日本)을 빼면 없다.

서로마 원로원은 동로마 제노황제에게 서로마황제 자리를 맡아달라고 부탁했지만, 황제는 받아들일 수가 없었다. 오도아케르를 징벌할 힘이 없었던 것이다. 6c 초 잠시 유스티니아누스의 동로마가 이탈리아반도를 되찾았다. 그러나, 유스티니아누스 이후 동로마의 힘이 약해지면서 이탈리아 반도의 대부분은 밀려드는 롬바르디아인들에게 점령당했다. 이탈리아반도는 분열과 혼란 속으로 빠져들었다. 백만 명이 북적이던 로마(Rome) 인구는 불과 3만으로 줄었다. 역사의 무상함이다.

30. 동로마(비잔틴) 제국, 천년을 더

-- 그리스 로마문화를 간직한 중세 유럽의 등불

서로마제국의 멸망과 함께 고대사를 덮는다. 살아남은 동로마 제국은 중세로 비잔틴 제국이라 불린다. 그러나 비잔틴인들은 스스로를 로마인이라 생각했다. 로마의 보편주의 철학에 입각해 지구상에 제국은 오직 하나 자신의 로마제국뿐이라고 여겼다. 서유럽인들을 야만인으로 간주하며 프랑크인이나 롬바르디아인이라고 불렀다. 비잔틴은 게르만족과 페르시아의 침략을 잘 막아냈다. 나아가 유스티니아누스 황제 때인 6c 중반 과거 로마제국의 영광을 재현할 만큼 강성해졌다. 서로마 최후의 수도인 라벤나를 비롯해 이탈리아반도 대부분과 이집트, 북아프리카 연안에 로마의 쌍독수리 문장을 다시 꽂고 지중해 해상권을 되찾았다. 비록 14년을 넘기지는 못했지만 한때 로마(Rome)도 탈환했다.

피라미드를 제외하고 당시까지 최대규모의 실내 건축물이었던 성 소피아 성당도 완공했다. 유명한 유스티니아누스 법전으로 로마법제의 온전한 틀을 갖췄다. 서유럽이 문화암흑기를 맞은 것과 달리 기독교 모자이크, 프레스코를 비롯해 비잔틴 예술을 꽃피웠다. 비록 유스티니아누스 황제 때인 529년 아테네 아카데미를 기독교로 개종하지 않는다고 폐쇄했지만, 비잔틴은 플라톤과 아리스토텔레스의 그리스 철학이 살아남을 수 있었던 둥지였다. 기독교 보호의 맹주도 비잔틴 황제였다. 로마(Rome) 교황을 정점으로한 서유럽 기독교 사회가 800년 프랑크 왕국 샤를마뉴를 서로마황제로, 다시 961년 게르마니아의 오토대제를 신성로마 황제로 떠받들면서 종교적으로 갈라질 때까지 기독교 종주국은 비잔틴, 즉 동로마였다.

끝없는 부침도 겪었다. 7c 초 페르시아에 밀려 오리엔트 일부를 빼앗기고, 이어 7c 내내 불길처럼 일어난 이슬람세력에게 팔레스타인, 이집트와 북아프리카를 차례로 잃었다. 아랍의 이슬람 세력은 콘스탄티노플을 중심으로 한 비잔틴 제국 심장부를 차지하기 위해 파상적인 공세를 폈다. 다행히 비잔틴 해군은 오늘날 화염방사기 비슷한 화약무기를 개발해 아랍세력을 물리쳤다. 마케도니아 왕조(867-1057

▲유스티니아누스 황제-노년기 모습이다. 라벤나 모자이크.

▲성소피아 성당-유스티니아누스 황제가 537년 건축했다. 콘스탄티노플에 건축한 성당 돔의 지름은 무려 33m다.

년)아래서는 다시 부흥했
는데, 니케포루스 포카스
황제때 절정기였다. 안타
키아와 크레타를 아랍세
력으로부터 되찾고, 발칸
반도 전체를 손에 넣었
다. 카프카스산맥을 넘어
아르메니아를 차지하고,
불가리아를 병합했다. 이
탈리아 남부지방에서 롬
바르디아인을 몰아내며
일부 실지를 되찾았다.
그러나, 11c 중반 들면서
쇠퇴했다. 스칸디나비아
에서 온 바이킹 노르만인
들에게 시칠리아를 빼앗

▲비잔틴 황제 대관식
장소-성 소피아성당
내부에 있다.

▲▲미스트라 비잔틴
수도원-프랑크인들
이 만든 비잔틴 건축
과 예술의 보고다.

기고, 1071년 이탈리아에 남았던 마지막 요새 바리를 잃
고 말았다. 이어 베니치아도 독립돼 떨어져 나갔다. 이로
써 로마제국의 계승자 비잔틴 제국은 이탈리아 반도에 단
한군데의 땅도 갖지 못하게 됐다.

　　　　이어 고구려와 국경을 맞대던 돌궐제국의 일파
셀주크 투르크의 등장은 비잔틴 제국의 명을 재촉했다.
서로마가 훈족의 이동에 당했듯이 동로마 비잔틴도 동양
계 민족에 당하고 만것이다. 1071년 셀주크 투르크는 비
잔틴 황제군을 무찌르고 아나톨리아땅 대부분을 차지했
다. 이에 십자군이 이슬람 세력 투르크를 물리치겠다고
나타났다. 십자군은 투르크군을 물리치고 1098년 안타키
아를 빼앗은 뒤 1099년 예루살렘을 탈환했다. 그러나 이
는 비잔틴의 회복으로 이어지지 않았다. 승리를 거둔 십

자군이 점령지를 기독교 형제국 비잔틴에 돌려준 게 아니라 그대로 자신들이 차지하고 만 것이다. 비잔틴은 투르크, 십자군 양쪽과 싸워야하는 이중고를 겪었다. 여기다 노르만족을 물리치기 위해 고용한 베네치아인들을 1171년 내쫓았는데, 앙심을 품은 베네치아인들이 1204년에 제4차 십자군을 사주해 콘스탄티노플을 점령하고 말았다. 라틴제국의 등장이다.

1261년 라틴제국을 무너트리고 간신히 콘스탄티노플을 되찾은 비잔틴 앞에 이번엔 새로운 강자가 나타났다. 셀주크 투르크의 일파이던 오스만 투르크. 14c 이슬람 세력인 오스만 투르크에게 나머지 아나톨리아와 발칸을 빼앗겨 결정적으로 쇠약해졌다. 비잔틴 제국은 이제 콘스탄티노플 주변이 전부였다. 1448년 비잔틴 황제 요아네스 8세 팔라이올로구스는 공의회가 열리던 피렌체로 갔다. 서유럽 기독교 형제들에게 구원을 요청하기 위해서였다. 그러나 비잔틴의 자존심만 구긴 채 돌아와야 했다. 이젠 자력갱생. 난공불락이라던 콘스탄티노플을 고수하며 끝까지 버텼지만, 이미 지는 해를 돌이킬 수는 없었다. 마침내 오스만 투르크 무하마드 2세에게 1453년 콘스탄티노플을 내줬다. 서로마 멸망 뒤 9백77년, 콘스탄티노플을 로마제국의 수도로 삼은 지 천백23년만이다. 전체 로마역사로는 2천2백년을 넘는다. 참 대단한 역사고 위업이다.

▲시나이산과 성 카트린느 수도원―유스티니아누스 황제 때 만들었다. 가운데 보이는 바위산이 시나이 산이고 나무숲 속에 성 카트린느 수도원이 숨어있듯 자리한다.

지구상에 전무후무하다. 멸망한 비잔틴의 학문과 문화는
서유럽 근세 르네상스의 출발점이었다.

　　　동로마제국은 콘스탄티노플과 뗄 수 없는 관계
다. 수도 콘스탄티노플은 서로마 멸망 뒤에도 로마의 문
화를 고스란히 간직했다. 동서의 중간지대로 교역을 발
달시켜 산업과 경제의 중심지였다. 이슬람 세력의 유럽
진출을 막는 보루였다. 특히 라
이벌이던 '신의 도시' 안타키아

나 알렉산드리아가 이슬람 수중
으로 넘어간 뒤 더욱 그랬다. 중
세 천년간 로마(Rome)를 대신해
인구 40만의 기독교세계 최대도
시로 위용을 자랑했다(단순히
인구로 보자면 동시대 압바스 왕
조의 바그다드나 당나라 장안은
인구 백만을 헤아렸다). 1204년
콘스탄티노플을 점령한 프랑크
인들과 베네치아인들은 수많은
재보를 약탈한 뒤 전세계 부의 3
분의 2가 콘스탄티노플에 있다
며 놀란 입을 다물지 못할 정도
였다.

　　　콘스탄티노플은 지금 이
스탄불(Istanbul)로 불린다. 그
리스어로 도시나 도시국가는 폴
리스(Polis)다. 당시 동로마제국
은 라틴어가 아닌 그리스어를
썼다. 투르크인들이 콘스탄티노
플을 공략하거나 찾아갈 때 지

▲비잔틴 성당-리비아에 남아있는 비잔틴
시대 성당 유적.

▲▲모자이크-라벤나 산비탈레 성당을 장
식하고 있는 6c 비잔틴 모자이크. 황금색과
녹색을 기조로 안정감 있으면서도 화려한
예술세계를 꽃피웠다.

역 농민들에게 물으면 "이스 틴 폴린(Is Tin Polin)"이라고 손으로 가리키며 말했다. "도시로"라는 뜻이다. 나중에 이스탄불이 된 사연이다. 그들에게 도시, 국가는 오직 한곳 콘스탄티노플 뿐이었음을 말해준다. 콘스탄티노플은 보스포러스 해협 바닷가에 만든 도시다. 해협의 길이는 32km. 폭은 5백m-3km에 불과하다. 한강이 강북과 강남을 가르듯이 해협은

▲루멜리 요새-콘스탄티노플을 공략하기 위해 오스만 투르크 무하마드 2세가 쌓아올렸다.

▲▲보스포러스 해협-그림처럼 아름다운 보스포러스 해협이다. 루멜리 요새쪽이 유럽인 트라키아다. 건너편은 아시아땅인 아나톨리아다.

오늘날 이스탄불 시가지를 반으로 가른다. 반은 아시아, 나머지는 유럽이다. 아시아와 유럽이 손에 잡힐 듯 바로 건너다. 깊이는 백여m를 넘어 유조선과 초대형 콘테이너선, 군함등이 마음놓고 다닌다.

　　　　보스포러스는 그리스신화에서 제우스가 사랑한 이오와 관련있다. 제우스의 아내 헤라가 연적인 이오에게 화살을 쐈고, 상처를 입은 이오가 떠돌다 이곳 해협을 건너 아시아땅으로 넘어갔다. 이때 이오는 헤라의 주문으로 암소가 돼있었다. 보스포러스는 '암소 나루터'라는 뜻이다. 오늘날 보스포러스 해협을 찾으면 암소는 찾을 길 없지만, 이오만큼이나 아름다운 해협과 주변풍경에 넋을 잃고 만다.

31. 로마의 예술

-- 인간과 사회풍속을 묘사한 모자이크, 프레스코, 조각

1) 로마 모자이크

로마의 모자이크(Mosaic) 세계를 접하고 받았던 감동과 전율은 무척 컸다. 전혀 예상하지 못했던 예술장르, 그것도 2천년 전 작품 앞에 넋을 잃고 말았다. 색종이를 뜯어 붙이듯이 다양한 색의 돌을 잘게 썰어 붙여나간 모자이크. 화려하고, 풍요로웠던 로마의 현실 생활은 고스란히 총천연색 모자이크에 담겨있다. 내용도 신화에서부터 일상생활에 이르기까지 다양하다. 전쟁, 사냥, 농경, 고기잡이, 해상활동, 교역, 신화, 연회, 스포츠, 동식물, 서커스, 기타 각종 풍속. 물론 여체, 남녀간의 사랑은 핵심이다. 로마의 모든 사회생활상이 녹아든 풍속화다. 모자이크라는 예술장르가 없었다면 로마의 실체에 접근하는데 큰 어려

▲흑백 모자이크--이탈리아 오스티아 목욕탕 바닥을 장식하고 있는 흑백 바닥 모자이크다.

움을 겪었을 게 틀림없다. 문헌으로 접하는 것과 천연색
으로 실체를 들여다보는 것과는 아무래도 큰 차이가 나
기 마련이다. 모자이크는 로마문명의 정수 중의 정수다.
로마문명권 어디서든 빌라의 침실이나 식당, 목욕탕, 응
접실은 모두 화려하고 거대한 모자이크로 가득하다. 당
시 모자이크는 일부 벽이나 천장을 제외하면 대부분 바
닥에 설치했기 때문에 로마인들은 예술품을 늘 짓밟으
면서(?) 생활한 셈이다.

당초 모자이크는 포장이 목적이었다. 정원이나 집
안내부를 포장해 질척거리는 것을 막았다. 건축학적 필요
에서 출발해 예술로 승화된 경우다. 로마에 앞선 그리스
의 모자이크는 흑색과 백색 2개의 돌만 썼다. 이후 헬레니
즘시대를 거치면서 다양한 색상의 돌을 잘게 썰어 사용했
다. 로마시대는 모자이크를 완벽한 입체예술의 세계로 승
화시켰다. 헬레니즘 시기까지만 해도 모자이크의 규모가
작았다. 로마로 오면서 거대한 건물 바닥전체를 뒤덮는

▲어로장면 - 바르도 박물관.

▲스카프 여인 - 비엔느 주택을 장식했던 여인의 단아한 모습이다. 비엔느 박물관.

등 대작으로 탈바꿈했다. 장대함과 화려함이 빚어내는 아름다움이었다.

그러나, 로마말기 이후 기독교시대로 넘어가면서 일상의 소재를 과감하게 표현하는 기법이 사라졌다. 성서의 내용을 예술적으로 표현하는 방법으로 바뀌었다. 특히 중요한 변화의 하나는 바닥이 아니라 벽이나 천장으로 장소가 옮겨간 점이다. 예수님이나 성스러운 장면을 바닥에 설치한 뒤 밟고 지나다닐 수 없었던 것이다. 이후 성스런 모자이크는 벽이나 천장에 만들었고, 바닥에는 자연이나 동식물에 머물렀다.

2)프레스코

프레스코(Fresco), 혹은 프레스코화(畵)란 소석회 반죽을 벽면에 바르고, 수분이 증발하기 전에 각종 색상의 안료로 그린 그림이다. 마른 뒤에 그리는 방법은 세코(Secco)라고 하지만, 흔히 프레스코 범주에 넣는다. 바닥에 주로 모자이크를 설치한 반면, 벽이나 천장은 프레스코로 꾸몄다. 로마 프레스코의 제작방법을 보자. 비트루비우스(Vitruvius)가 묘사한 제작과정이다. "먼저 건물을 완성하면 벽면은 거칠게 초벌 바르기 한 상태로 둔다. 이어서 모래로 코팅하고 다시 대리석 가루와 석회석을 차례로 바른다. 모래와 대리석, 석회석은 견고하게 붙어 일부러 깨지 않을 경우 갈라지거나 떨어지지 않고 영구 보존된다. 이 위에 각종 천연색 물감을 젖은 반죽상태로 발라 대상물을 그려 넣는다. 색이 마르면 약간 따뜻한 상태에서 기름을 조금 섞은 니스를 바른다. 니스는 물감으로 침투해 들어가 물감을 보호하는 역할을 한다. 이어서 깨끗한 천으로 문질러 윤을 낸다."

　　　　로마시대에도 물론 화판(이젤)에 얹어놓고 그림을 그렸다. 이런 그림들은 판넬에 붙여 신전이나 공공건물 또는 대형저택에 걸었다. 그러나, 전시용 소품들이 2천년의 세월을 버틸 수는 없는 노릇이다. 그래서 현재 남은 로마시대 그림은 벽면 프레스코뿐이다. 로마의 프레스코로 가장 오래된 것은 B.C 3c 고분 작품으로 전쟁장면을 담았다. 이후 그리스 헬레니즘 세계의 자연주의적 경향의 영향을 받으면서 범위를 넓혔다.

　　　　로마 프레스코는 눈속임용 장식기법이 많다. 실내공간을 장식했던 프레스코는 좁은 실내를 더 넓게 보이게 만들어줬다. 나아가 답답한 실내를 전원으로, 자연으로, 환상적인 신비의 세계로 이끌었다. 특히, 실내벽을 장식할 때 각종 기둥이나 장식물을 직접 설치하는 대신 프레스코로 그려 넣어 웅장하고 화려한 공간미를

▲신화 프레스코-강의 신과 요정. 루브르 박물관.

창출해 냈다. 그리스 로마 신들의 세계를 많이 다뤘고, 주변 일상사와 남녀애정도 소홀하지 않았다.

프레스코는 로마에서 훨씬 더 거슬러 올라간다. 이집트부터 크레타, 에트루리아에도 고분벽화나 저택, 궁전을 장식하는 다양한 총천연색 프레스코 예술이 무르익었다. 이는 로마를 거쳐 중세 비잔틴 프레스코 예술로도 연결됐다.

3)조각

그리스는 B.C 5c 이후 조각 전성기를 맞았다. 이상적인 아름다움을 추구하는 고전기 조각 철학과 기법이 완성돼 그림 같은 조각품을 쏟아냈다. B.C 4c를 넘으면서 헬레니즘으로 통일된 지중해 각지에 그리스 조각이 퍼져갔다. 조각만 전문적으로 다루는 장인 양성학교도 곳곳에 문을 열었다. 로마는 B.C 210년 시칠리아 시라쿠사를 정복하면서 그리스 세계의 조각품을 압수물로 가져 들어와 곧 매료돼 버렸다. B.C 160년 마케도니아를 무찔러 헬레니즘 세계를 로마의 영향력 안에 둔 뒤로 이런 현상은 더욱 짙어졌다. 그러나, 헬레니즘 세계에서 약탈한 조각만으로는 수요를 충당할 수 없었다. 곧 로마는 그리스의 명품들을 베껴냈다. 그리스 명작들을 놓고 모방하는 과정에서 로마의 조각술도 비약적으로 커나갔다.

그러나 로마조각은 그리스 조각과 한 차원 다른 세계를 그려냈다. 고전기와

▲나이키-델피 박물관.

▲아틀라스-나폴리 박물관.

헬레니즘을 거친 그리스 조각이 이상적인 아름다움을 추구한 반면 로마는 현실을 담았다. 특히, 자신의 조상과 살아 숨쉬는 인간을 표현했다. 인물 흉상이 발달한 이유다. 과장을 피하고 밉든 곱든 있는 그대로를 전하려 애썼다. 신이나 황제도 추한 모습 대로였다. 벽, 제단, 문, 석관… 어디든지 공간이 있는 곳이면 작품을 새겨 넣었기 때문에 조각은 더욱 발전할 수 있었다. 시대에 따라 그리스식의 이상적인 측면을 강조하는 경향이 나타나기도 했지만 사실적인 기풍은 변하지 않았다.

기독교시대로 본격 진입하면서 아름다운 조각들은 수난을 겪었다. 로마 고대 종교와 관련 있는 모든 것을 파괴한 탓이다. 카피톨리나 언덕에 자리한 마르쿠스 아우렐리우스 황제의 기마상은 165년에 만들었다. 기독교 시대 당연히 파괴대상이었지만, 살아남아 오늘날까지 아름다움을 전한다. 기독교인들이 기마상의 주인공을 기독교 수호자 콘스탄티누스 황제로 잘못 알았기 때문이다. 중세 자취를 감췄던 로마 조각은 르네상스시절 부활해 유럽 현대조각의 스승이 됐다.

▲ 비너스- 카피톨리나 박물관.

32. 역사를 바라보는 시각에 대해

-- '시오노 나나미'의 위대함과 위험성

　　시오노 나나미(鹽野 七生). 방대한 작업에 우선 경의를 표하지 않을 수 없다. 지금까지 10권의 [로마인 이야기 (RES GESTAE POPULI ROMANI)]와 한 권의 질의 응답집이 나왔다. 엄청난 양의 자료를 고루 섭렵한 결과다. 뛰어난 상상력으로 자칫 지루하게 느껴질 수 있는 역사자료에 살아 숨쉬는 생명력을 불어넣었다. 이를 뒷받침한 것은 탄탄한 문장력이리라. 도쿄에서 태어나 이탈리아인과 결혼한 뒤 이탈리아에 살면서 발표하는 그의 작품 [로마인 이야기]는 국내 독서계에 고대 로마사 돌풍을 일으켰다. 인문학, 특히 고대사에 인색하던 한국 독서계에 새로운 이정표를 세웠다. 많은 찬사를 받았음은 물론이다. 책을 번역한 출판사는 [로마인 이야기] 판권만을 담보로 수십억 원의 대출을 받을 정도다. 후진적이라고 꾸중만 듣던 은행의 영업기법이 한 단계 발전했다고 평가하기에 앞서 [로마인 이야기]의 위력을 다시 한번 실감한다.

　　그러나, 번역자의 표현대로 옷깃을 여밀 수 밖에 없는 노고와 대작임을 인정하면서도 고개를 갸우뚱할 수

밖에 없는 이유는 무엇일까? 역사는 방대한 자료와 이를 엮어내는 구성, 문장력 외에 또 한가지 아주 중요한 요소가 들어가야 비로소 온전한 제 모습을 드러낼 수 있기 때문이다. 바로 사관(史觀)이다.

1) 사관(史觀)

역사(歷史)는 사료(史料)의 재구성(再構成)이다. 특정시대 각각의 사건은 사료라는 형태로 남는다. 역사가가 이를 짜 맞춘 것이 역사(歷史)다. 재구성인 까닭은 한번 벌어졌던 일을 되살리는 작업인 탓이다. 역사란 것이 다양한 양상을 띠며 경우에 따라 해석(解釋)이 달라지는 이유는 시대적 상황과 사회상에 영향 받은 역사가의 시각, 즉 사관(史觀)이 개입하기 때문이다. 쉽게 고려시대 나온 삼국사기(三國史記)와 삼국유사(三國遺事)를 생각해 보자. 1145년 탄생한 삼국사기는 김부식이 대표 집필했다. 1281년 간행된 삼국유사는 승려 일연이 적었다. 정통유학자이자 고급관리로 중국중심의 역사에 충실했던 김부식의 삼국사기에는 단군(檀君)이 없다. 나라가 몽고에 패해 속국으로 전락한 상황에서 유학의 세계관에 물들지 않은 승려의 저술 삼국유사에는 단군이 담겼다. 단군을 놓고 우리역사의 진폭이 얼마나 크게 달라질 수 있는지 생각한다면, 역사를 재구성하는 역사가와 사관의 중요성을 들여다보기 충분하다. 일반인들은 누군가의 사관으로 재구성해 놓은 역사를 읽고, 받아들인다. 사료에 접하기 쉽지 않고, 보편적이면서 일관된 사관을 세우기 힘들기 때문이다.

역사적 사건은 일방적이지 않으며 반드시 상호

적이다. 관련 당사자들의 입장은 모두 다르다. 그래서, 역사해석에는 어느 당사자에게나 공동으로 적용할 수 있는 잣대가 필요하다. 승자 스키피오와 패자 한니발에, 승자 로마와 패자 카르타고에 적용하는 잣대가 같아야 공정하다. 그래야 객관적인 해석으로 인정받는다. 사관은 지난 사건의 해석에만 머물지 않는다. 현재의 국내정치나 국제사회를 분석하는 틀로도 유용하다. 과거를 읽는 차원에서 벗어나 눈앞에 벌어지고 있는 우리시대 현실을 바라보는 도구다. 카이사르나 로마의 해석에 멈추는 게 아니라 오늘날 부시나 미국의 해석에 똑같이 적용된다. 따라서, 공정하지 못한 사관은 역사를 그릇되게 인식 시킬뿐 아니라 현실도 왜곡시킨다. 역사해석이 갖는 참의미다.

객관성을 잃은 사관의 대표주자는 두 가지다. 영웅주의(英雄主義)와 패권주의(霸權主義). 영웅주의는 오직 한사람에게만 다른 잣대를 적용하는 사관이다. 모든 상황을 특정 인물의 시각에서만 전달하고 특정 인물만 합리화한다. 패권주의는 범위를 개인에서 그 개인이 속한 민족이나 국가로 확대한 경우다. 모든 상황을 특정 민족이나 국가에만 적용해 그 입장에서 바라본다. 현대를 살아가는 지구촌민들에게 공통으로 적용되는 가치관 즉, 민주주의와 만민평등주의에 정면으로 위배된다. 민주질서를 무시하는 독재와 다른 국가를 존중하지 않는 제국주의로 이어진다.

모든 역사가에 사관이 있듯이 시오노 나나미도 역사가라면 사관을 갖는다. 지금 우리가 읽고 있는 [로마인 이야기]는 시오노 나나미가 자신의 사관으로 해석한 로마사다. 한국사회에 로마열풍을 불러일으킨 만큼 시오노 나나미의 사관이 궁금해진다.

2) 영웅주의

로마는 창건이래 한사람에게 집중돼 있던 권력을 귀족에게 차츰 평민에게도 개방하며 민주주의의 단계를 심화시켜왔다. 아무리 훌륭한 위업을 남겨도 임기제로 근무해야 하고 임기가 끝나면 권력을 내놓아야 하는 정치체제가 민주정치다. 로마의 공화정이 그랬다. 그러나, 동서고금의 독재자들은 수단과 방법을 가리지 않고 혼자만 지속적으로 권력을 쥐려한다. 권력을 계속 유지할 수 있는 상황을 만들고 꾸며낸다. 영광을 빚어내 국민들에게 선물한다. 남을 짓밟아 새로운 업적을 만들어내고 이를 근거로 자신의 독재를 합리화한다. 이런 독재자를 시대상황이 바뀌었다면서, 시대가 요구하는 새로운 지도력을 가졌다면서 추켜세우는 입장은 언제나 존재하지만 객관적이지 못하다. 보편성을 무시하고 특정인에게만 다른 원칙을 적용하기 때문이다. 영웅주의다. 속주총독의 지위를 이용해 국가의 지시를 무시하고 군대를 해산하지 않은채 반란을 일으켜 로마공화정을 깨트린 카이사르의 실체는 도외시한 채 로마 영광구현의 카이사르만을 외치는 사관은 공정하지 못하다.

시민들이 카이사르의 업적에 열광했다해서 독재정치를 합리화할 수 없다. 공화주의자를 자신의 특권을 지키려는 원로원파로 몰고, 독재자 카이사르를 민중주의로 규정하면 곤란하다. 시민들의 인기가 있었다고, 단기적으로 시민들에게 인기정책을 썼다고 진정한 민중주의는 아니다. 그 정책 뒤에 민중에게 더 큰 고통을 안겨준다는 사실을 한단계 더나가 바라보는 게 공정하다. 공화정이 파괴된 뒤 로마에 나타났던 부작용에 애써 눈을 감으면 객관성을 잃는다. 나찌 히틀러를 보자. 그도 선거로 집권했다. 히틀러가 오스트리아를 합병하고, 체코의 반쪽을 먹고, 폴란드를 침공해 소련과 나눴을 때. 이어 프랑스마저 점령하고 벨기에와 네덜란드를 묶어 제3제국을 이뤘을 때 독일인들은 히틀러에 열광했다. 위대한 아리안 제국 독일의 완성처럼 비쳐졌다. 독일뿐 아니라 각국에서 자발적으로 히틀러와 나찌에 협력하는 자들이 줄을 이었다. 2차 세계대전 초기 일이다. 그렇다면 히틀러는 위대한 민중주의자인가? 히틀러에 짓밟힌 독일민주주의와 탄압 받은 민주주의자들, 침략 당한 국가의 운명을 고려해야 객관적이다. 카이사르가 이룩한 지중해제국과 이에 열광한 시민들만 떠올려선 안된다. 그들이 짓밟은 로마공화정과 지중해 제국을 위해 사라져야했던 다른 민족의 참상도 고려해야 기울지 않은 모습이다.

옥타비아누스는 17살에 카이사르 후계자로 유언장에 올랐다. 카이사르가 죽으면서 18살에 지위를 이어받고, 19살에 집정관이 됐다. 로마를 책임지는 최고 행정직이다. 여기에 "세계 역사상 손꼽히는 후계자 선정"이라는 평가를 내린다면. "카이사르가 10대 후반의 청년한테서 로마제국을 이끌고 나갈 능력을 봤다"고 해석한다면. 객관적이지 못하다. 카이사르는 로마역사에서 왕이 사라진지 5백여 년 만에 처음으로 공화정을 깨고 종신독재자 다시말해 왕에 버금가는 권한을 가진 사람이다. 카이사르의 머리 속엔 왕정을 이어갈 피붙이가 필요했다. 가까운 혈육 가운데 좀 똘똘해 보이는 자를 후계자(로마에선 6촌 이내를 가족으로 규정)로 지명하는 일반적이고 보편적인 당시 관행을 따랐다고 해석하면 충분하다. 카이사르와 옥타비아누스에게만 다른 사람과 달리 예외적인 원칙을 적용하면 영웅주의다. 옥타비아누스도 카이사르 처럼 그냥 독재자일 뿐이다. 카이사르가 스스로 창업

한 독재자라면, 옥타비아누스는 18살에 경영권을 넘겨받은 재벌 2세라는 차이만 있다.

옥타비아누스가 처음 한 일은 군대를 소집해 원로원(Senatus)을 협박한 뒤 40살이 돼야 입후보할 수 있는 집정관에 불과 19살의 나이로 오른 일이다. 이어 카이사르 암살범을 추방한다면서 공화파를 모두 숙청했다. 수백 명의 원로원의원을 재판도 없이 죽여버렸다. 19살의 왕자에게 민주주의나 공화주의를 바란다면 역시 예외적인 해석이다. 이런 황제에 대한 평가가 재미있다. "황제는 자기 혼자의 권력이기 때문에 주변에 구애받지 않고 널리 인재를 구한다. 원로원은 원로원의원 600여명이 자신들의 기득권을 유지해야하기 때문에 인재등용에 인색하다." 정상궤도를 벗어난 궤변으로 보는 게 타당하다. 공화정을 깎아내리고 왕정제를 옹호하는 발언으로 규정해도 지나치지 않다. 이어 "로마 원로원제는 과두정치 체제"라는 평가도 곱씹어볼 일이다. 과두정치(寡頭政治,Oligarchy)체제란 3두정치나 2두정치처럼 몇 명이서 법을 무시하며 권력을 독점할 때 쓰는 표현이다. 다시 말해 카이사르, 폼페이우스, 크랏수스 3명이 로마를 장악했을 때다. 600명 원로원 의원이 법대로 운영하고 민회에서 시민들이 공직을 선출하는 정치체제를 과두정이라고 부르지 않는다.

어느 사회나 아무나 공직에 나서 정치권에 진출할 수는 없다. 나이, 경력, 학식, 인격… 이를 종합적으로 판단한 능력을 근거로 인재를 선발한다. 지금 민주주의 국가에서 과연 몇%의 국민이나 이런 기준을 통과해 정치권에 진출할 수 있을까? 영국의 상원의원 세습제가 폐지된 것은 2002년이다. 그러나 영국 민주주의를 몇 명이 나눠먹는 과두정치라고 부르지 않는다. 일본의 참의원과

중의원을 합해 국회의원이 천여 명이라면 국민가운데 과연 몇 %나 국회의원직을 돌려 차지하고 있는지 궁금하다. 1%? 수상의 딸이란 이유로 아버지가 죽자 보궐선거에서 딸을 소속정당이 공천하는 일본을 과두정치 체제라고 분석하지 않는다. 아버지의 후광을 업고 대통령에 당선되는 미국은? 미국의 밀즈(C.R. Mills)는 1956년 그의 저서 '파워 엘리트' (Power Elite)에서 미국을 이끌어 가는 인물은 400명에 불과하다고 진단했다. 그러나, 미국을 과두정치체제라고 보는 사람은 드물다. 물론 일본이나 미국은 이상적인 민주주의 형태에서는 물론 유럽 본토국가들에 비해서도 한참 뒤떨어진다. 이 점은 이글의 주제가 아니므로 논외로 한다. 설령 현대 정치학적인 개념으로 6백여 명 로마 원로원 체제를 과두정치체제라고 규정한다해도 한사람이 권력을 휘두르는 독재정치보다는 우월하다.

통찰력과 선견지명의 화신으로 묘사되는 카이사르나 옥타비아누스. 자신들이 가져온 독재정치가 세습제로 나아가 칼리굴라나 네로 같은 폭군등장으로 이어질 줄 몰랐다면. 권력의 정점에 선 군인들이 황제를 죽이고 마음대로 갈아치울 줄 몰랐다면. 진정으로 통찰력을 가졌다고 평가할 수 없다. 로마역사를 코미디로 전락시킨 3대 황제 칼리굴라와 5대 황제 네로는 옥타비아누스의 외증손자요, 외고손자다. 독재정치 황제 세습제의 결과물이다.

영웅주의 사관의 또 다른 폐해는 영웅으로 묘사하는 인물을 빼고 나머지 인물들을 모두 부족하고 모자라게 다루는 불공정성이다. 권력을 쥐거나 싸움에서 이긴 자들만 뛰어난 능력의 소유자요 진정한 인간 승리자라로 정당화하는 서술은 영웅주의의 오류에 지나지 않는다. 이승만에게 패해 권력을 잡아보지 못한 김구를 대통령이 된 이승만에 못 미친다고 볼 수 없다. 일제시대 일제에 빌붙어 권력의 언저리에 얼쩡거린 매국노를 만주벌판에서 아침이슬과 함께 사라져간 독립지사보다 권력을 잡았으니 높게 평가할 수 없는 이치와 같다. 폼페이우스, 안토니우스, 키케로, 브루투스… 그외 수많은 공화주의 사람들을 카이사르와 옥타비아누스의 영웅화를 위해 그렇게 패배자요 모자란 자들로 낙인찍는다면 지나친 일방통행이다.

3) 제국(패권)주의

"로마는 정복당한 패배자들에게도 시민권을 줬다." 로마의 관용정신. 정말 참기 어려운 역사해석의 절정이다. 자기식대로 살다 국권을 빼앗긴 갈리아, 게르마니아, 브리타니아, 유대, 이집트, 다키아… 누구도 로마에게 정복하고, 죽이고, 붙잡아다 노예 만들고, 팔아먹고, 경제이익 착취하라고 요구하지 않았다. 로마가 자신의 국가이익을 위해 침략했을 뿐이다. 멀쩡한 나라의 평화 깨놓고 시민권 줬으니 고마워하라는 주장을 통큰 정치로 둔갑시키는 논리에서 제국주의 냄새가 물씬 풍긴다. "카르타고가 로마의 명령대로 기존 시가지를 파괴하고 10마일(로마 마일, 15km) 육지로 들어가 도시를 건설하라는 로마의 말에 충실히 따랐다면 파괴당하지 않고 살아남았을 것"이라는 내용도 패권자의 입장만 충실히 반영한다.

이집트 프톨레마이오스 왕조 멸망 때도 마찬가지다. "로마의 패권을 인정하는 동맹국으로 남았다면 반드시 멸망하지는 않았을 텐데." 제국주의 식민사관의 전형이다. 철저하게 이긴 자의 시각에서만 바라본다.

　　　로마는 오늘날 로마(Rome)시의 티베레 강가 7개 언덕에서 시작해 침략으로 자라났다. 라티움 지방, 이탈리아 반도 중부, 반도 남부, 시칠리아, 사르데냐, 코르시카, 포강 북부, 이어 이베리아반도, 갈리아, 브리타니아, 이집트, 게르마니아, 다키아. 지중해 전체로 팍스 로마나다. 여기서 일본이 떠오른다. 일본은 17c 이후 일본열도에서 남쪽 오키나와의 류큐(琉球)족, 홋카이도에 거주하는 코카서스 혼혈종 아이누족을 차례로 제압했다. 이어 19c 말 타이완, 20c 들어 사할린, 조선, 만주, 중국본토로 뻗어나갔다. 2차 세계대전 중에는 필리핀, 인도네시아, 베트남, 버마로 태평양제국화 했다. 팍스 로마나의 변형으로 볼 수 있는 대동아 공영권(大東亞共榮圈)을 꿈꾸다 미국에 된서리를 맞은 것은 다 아는 대로다.

　　　"타이완이나 조선사람들은 일본과 운명을 함께 한다고 생각하지 않았을 겁니다." 라는 대목에선 섬뜩해진다. 이유가 더 놀랍다. "제국시대 일본이 자기네가 다신교 민족이란 걸 잊고 일신교 민족으로서의 제국주의 방식을 흉내냈기 때문"이라고 분석한다. 식민주의 본질에 대한 역사적, 인류애적 성찰은 없다. 식민주의가 왜 실패했는지 제국주의 행정가 입장에서만 따진다. 소름이 돋는다. 팍스 로마나에 안주하지 않고 독립을 외친 동맹국이나 속주 주민은 무지몽매하고 야만적으로 그려진다. 이들은 독립을 원했지 로마의 패권을 원하지 않았다. 로마는 이를 짓밟았고, 민족말살이 뒤따랐다. 에트루리아, 카르타고, 다키아가 흔적도 없이 사라졌다. 71년 반란으로 천혜의 요새 마사다를 파괴당했던 유대는 간신히 기력을 회복해 135년 하드리아누스 황제 때 다시 반기를 들었다가 디아스포라(Diaspora, 예루살렘 추방)를 맞았다.

이후 유대인은 20c 초까지 세계를 떠돌았다.

한민족도 일본에게 와달라고 한 적이 없다. 일본 군국주의는 자기이익을 위해 수많은 조선사람 죽이고 나라 빼앗았다. 어리석은 조센징(朝鮮人)에게도 영광스럽게 천황의 국민이 될 수 있는 권리를 줬다는 관용론. 천황나라의 국민, 천황의 신하, 즉 황국신민(皇國臣民). 군국주의자들은 '황국신민'의 영광에 감사하라고 외쳤다.

조선민중들의 3.1운동이나 6.10만세 운동, 안중근의 거사, 윤봉길의 폭탄투척, 김구의 투쟁을 제국주의 시각에서 어떻게 바라볼지 자명하다. 요즘도 지구촌 곳곳의 자존을 건 독립투쟁이 패권강국의 논리에 일방적으로 밀려 부정적으로만 그려진다. 역사는 패권제국주의 국가의 운명을 위해 존재하지 않는다.

4)시오노 나나미

한사람보다는 두 사람이 권력을 공유하는 체제가 우월하다는 신념을 가진다면, 한 명의 영웅이 완전무결하게 국가를 이끌 수 있다는 착각에 진저리친다. 인류사를 후퇴시켰던 무자비한 독재의 참상이 국내외를 가리지 않고 수없이 떠오르기 때문이다. 공화정에서 원로원으로 넘어와 손해본 사람은 원로원의원 수백 명일뿐이라고 말하며 카이사르와 옥타비아누스의 피비린내 나는 독재와 정복을 옹호하는 영웅주의와 패권제국주의.

풍부한 사료적 가치와 엄청난 열정에 찬사를 보내면서도 거부할 수밖에 없는 이유다. "이념의 방해를 받지 않으면서 현실을 직시한다"는 허구성은 그래서 더 커 보인다. 영웅주의와 제국주의라는 이념에 방해받은 족적이 뚜렷하기 때문이다. 이념의 굴레에서 벗어날 수 있는 새로운 이념은 없다.

　　　이런 의미에서 우리사회에 이집트 붐을 일으킨 프랑스의 소설가 크리스띠앙 쟈끄(Christien Jacq)는 정직하다. 고대 이집트에 대한 탁월한 식견에 고도의 상상력을 동원해 허구의 세계를 그려냈으니 말이다. 소설은 그럴 수 있겠구나 라고 지나면 그만이다. 그러나 역사라면 달라진다.

　　　시오노 나나미(鹽野 七生)는 일본 황실과 귀족 자녀들이 다니는 학습원대학 철학과 출신이다. 우리사회는 왕도 없고, 귀족도 없다. 역사 얘기만 나오면 답답해지는 일본은 지금도 왕정제를 고수한다. 천황과 과거 막부를 떠받들던 계층이 온전하다. 극소수의 특수계층 자녀를 교육하는 대학에서 어떤 철학을 가르칠까? 설마 천황제의 우수성과 역사는 영웅이 이끌어 간다는 영웅주의, 강력한 하나의 국가가 주변국을 다스리는 제국주의를 합리화하고 있지는 않을 거라고 생각해 본다.

유적으로 읽는 **로마** 문명

초판2쇄 발행일 · 2006년 6월 10일
지은이 · 김문환
펴낸이 · 전의식
펴낸곳 · **다인미디어**
출판등록 · 1997년 10월10일, 제1-2233호
주소 · 서울시 종로구 익선동 30-6 운현신화타워 104호
전화 · (02)742-9183 / 팩스 · (02)743-7615
E-mail : dynemedia@hanmail.net
ISBN 89-87957-47-0

값 12,000원